云南省"十四五"职业教育省级规划（培育）教材

U0587464

云南景点文学欣赏

主编 / 徐亚军　张小娟

副主编 / 吴玉萍　赵　明　杨洁卿

参编 / 林　湄

重庆大学出版社

内容简介

　　《云南景点文学欣赏》是一本供高职院校师生使用的人文素质教材。本书集旅游、文学欣赏、文化提升等功能于一体，以云南景点文学作品为载体，注重讲好中国故事、云南故事，旨在使学生了解悠久灿烂的历史文化及光荣的革命斗争史，涵养家国情怀和乡土意识，从而增强中华民族认同感和归属感，增强民族自信心、自尊心和自豪感。本书既可作为旅游、外语、文化艺术、交通运输等专业的教材，也可作为旅游行业从业人员的职业素质培训教材。同时，作为一本可读性强的文学读本，本书亦适合旅游爱好者和文学爱好者阅读欣赏。

图书在版编目（CIP）数据

　　云南景点文学欣赏 / 徐亚军, 张小娟主编 . -- 重庆：
重庆大学出版社, 2024. 10. -- ISBN 978-7-5689-5000-8

　　Ⅰ. F592.774；I209.974

　　中国国家版本馆 CIP 数据核字第 2024E4Q130 号

云南景点文学欣赏

YUNNAN JINGDIAN WENXUE XINSHANG

主　编　徐亚军　张小娟

副主编　吴玉萍　赵　明　杨洁卿

策划编辑：谢冰一

责任编辑：黄菊香　　版式设计：谢冰一

责任校对：邹　忌　　责任印制：张　策

*

重庆大学出版社出版发行

出版人：陈晓阳

社址：重庆市沙坪坝区大学城西路 21 号

邮编：401331

电话：(023) 88617190　　88617185(中小学)

传真：(023) 88617186　　88617166

网址：http://www.cqup.com.cn

邮箱：fxk@ cqup. com. cn (营销中心)

全国新华书店经销

重庆新荟雅科技有限公司印刷

*

开本：787mm × 1092mm　1/16　印张：14.75　字数：285 千

2024 年 10 月第 1 版　　2024 年 10 月第 1 次印刷

ISBN 978-7-5689-5000-8　　定价：39.00 元

序 言

跟着文学
游云南

　　《云南景点文学欣赏》是一本将云南省具有代表性的旅游景点和相关旅游文学作品相结合的供高职院校师生使用的人文素质教材。本教材集旅游路线、文学欣赏、文化提升于一体，以云南景点文学作品为载体，涉及云南省部分世界遗产、国家AAAAA和AAAA级旅游景区、中国历史文化名城等精品旅游资源，紧跟文旅融合、研学旅游新形势，挖掘文学作品中的少数民族旅游文化、红色旅游文化、自然生态文化和地方历史文化，目的在于使学生掌握扎实全面的云南旅游文学、文化知识，提升学生的人文精神、文化素质、语言表达能力和文学审美鉴赏能力，使学生在诸如旅游规划设计、宣传促销、导游讲解等活动中能运用更多旅游文化资源，凸显文化底蕴，是一本着眼于人才素质与技能双提升的教材。同时，本教材将旅游行为和文学作品赏析、历史文化感悟相结合，以期为云南研学旅行素质教育提供更丰富的学习资源，促使研学者在游中学、在学中悟。

　　本教材将云南旅游文学经典作品和云南旅游线路、景点相结合，根据云南地理方位和区域旅游特色，划分为六大景点文学欣赏板块，即滇中景点文学、滇西北景点文学、滇西景点文学、滇西南景点文学、滇东南景点文学和滇东北景点文学。每一板块以区域代表性景点为引导，精选4~7篇景点文学作品进行详解，选文注重经典性、地域性和流传性，兼顾散文、诗词、楹联、史传、游记、碑刻、民歌、民间传说等多种体裁，着眼于高职院校人才培养对人文素质教育和职业技能训练的需要，尽量突出相关旅游主题，立足正确的政治站位，注重对学生的正向价值观引导及思想品德教育，同时方便教师教学和学生学习时的拓展延伸。

　　每个景点文学板块包含五部分内容：导读、景点文学作品、实践活动、云南旅游精品线路和延伸阅读，并配以附录等拓展内容，便于高职院校相关专业学生、旅游从业者、旅游爱好者学习使用，对提升旅游从业者的文化素质和品格修养具有积极意义，符合当前旅游行业及其产业内涵升级的发展需要。

"导读"部分介绍选文写作背景、作者基本情况、作品主要内容、写作特色和学习目标等。

"景点文学作品"部分精选能体现当地旅游人文特色的经典文学作品供学习者阅读赏析，文后配有注释和相关思考与练习题。

"实践活动"部分根据板块核心内容，设计形式丰富多样的实践活动，供学习者学习使用，具有开放性、趣味性、操作性和实践性，意在通过活动提升学习者的文化素养和专业技能，加深对板块文化内涵的理解认知。

"云南旅游精品线路"部分介绍2～3条区域旅游精品线路，与选文相呼应，形成旅游和文学交叉融合的效果。

"延伸阅读"部分则根据各区域旅游民俗文化特色，撷取有代表性的、特色鲜明的景点知识或景点诗词、楹联、民歌、题刻等加以补充拓展。

同时，本教材还配有相关课件、学习资料、网站链接、配套视频、微课等教学资源，适合学生在线学习需要。

本教材立足党的二十大报告提出的"坚持以文塑旅、以旅彰文，推进文化和旅游深度融合发展"的精神、云南省"十四五"文化和旅游发展规划提出的创建文化和旅游"双强省"的大背景，期望能在挖掘云南旅游和文化学习资源、促进文旅融合、丰富语文教学内容和手段、深化旅游专业课程与基础课融合等方面做出一些积极尝试。

本教材编者均为多年从事语文教学工作或旅游专业教学和培训工作的一线教师。具体编写分工如下：徐亚军老师负责全书总体结构设计，撰写第一、第二板块，以及第四板块部分内容，并负责统稿工作；张小娟老师撰写第三、第六板块，以及第四板块部分内容；吴玉萍老师撰写第五板块；赵明老师撰写第一、第二、第三板块旅游精品线路和延伸阅读部分，并负责收集整理附录部分；杨洁卿老师撰写第四、第五、第六板块旅游精品线路和延伸阅读部分。此外，林湄老师负责各版块资料收集、整理工作。

由于编者水平有限，书中难免存在错漏之处，恳请广大读者批评指正，以帮助本书后期不断得到完善提高。在此表达诚挚感谢！此外，本教材的选文及拓展内容，参阅了相关文章和资料，谨向原作者表示诚挚谢意！

编者

2024年4月

目 录
CONTENTS

云南概述

云南旅游文学概述

第一板块　滇中景点文学

史记·西南夷列传（节选）/ [西汉] 司马迁 …………………………007

杨慎诗二首 / [明] 杨　慎 …………………………014

大观楼长联 / [清] 孙　髯 …………………………017

最后一次讲演 / 闻一多 …………………………021

花　潮 / 李广田 …………………………028

1.6亿年中的三个环节 / 费　宣 …………………………034

阿诗玛（节选）/ 彝族撒尼人叙事长诗 …………………………038

滇中旅游精品线路 …………………………047

第二板块　滇西北景点文学

雪山诗二首 ……………………………………………………… 053

泛洱水 / [明] 李元阳 …………………………………………… 056

消失的地平线（节选）/ [英] 詹姆斯·希尔顿 ………………… 059

弥渡山歌三首 / 汉族民歌 ……………………………………… 063

尼汝锅庄·央查（节选）/ 藏族民歌 ………………………… 067

滇西北旅游精品线路 …………………………………………… 072

第三板块　滇西景点文学

徐霞客游记·滇游日记十（节选）/ [明] 徐霞客 …………… 081

绮罗玉灯歌 / [清] 尹　艺 ……………………………………… 085

告滇西父老书 / 李根源 ………………………………………… 088

为什么会有不如意的事 / 艾思奇 ……………………………… 092

创世纪·开天辟地 / 傈僳族创世古歌 ………………………… 098

滇西旅游精品线路 ……………………………………………… 103

第四板块　滇西南景点文学

普洱茶记 / [清] 阮　福 ………………………………………… 111

蒲公英与鹦鹉店 / 徐　迟 ……………………………………… 117

阿佤人民唱新歌 / 词曲：杨正仁 ……………………………… 124

召树屯与喃木诺娜（节选）/ 傣族叙事长诗 ………………… 126

滇西南旅游精品线路 …………………………………………… 139

第五板块　滇东南景点文学

出　郊 / [明] 杨　慎 ································· 145

异龙湖 / [清] 袁嘉谷 ································· 150

蒙自杂记 / 朱自清 ································· 153

重到临安 / 朱　德 ································· 159

哈尼阿培聪坡坡（节选）/ 哈尼族的迁徙史诗 ················· 161

滇东南旅游精品线路 ································· 168

第六板块　滇东北景点文学

爨宝子碑 ································· 173

早梅诗 / [明] 兰　茂 ································· 178

云南气象谚语（节选）/ 陈一得 ··············· 181

举国大迁移 / [美] 埃德加·斯诺 ··············· 187

长征组歌·四渡赤水出奇兵 / 词：肖华 曲：贺绿汀 ··············· 193

七律·长征 / 毛泽东 ································· 196

滇东北旅游精品线路 ································· 201

附　录

附录1　云南省的世界遗产名录 ··············· 205

附录2　云南省的国家级非物质文化遗产名录 ··············· 206

附录3　云南省的国家AAAAA级旅游景区名录 ··············· 213

附录4　云南省的国家AAAA级旅游景区名录 ··············· 214

附录5　云南省的世界地质公园名录 ··············· 221

附录6 云南省的国家地质公园名录 …………………………………………222

附录7 云南省的国家重点风景名胜区名录 ……………………………223

附录8 云南省的国家级旅游度假区名录 ……………………………224

参考文献

云南概述

云南概况

云南意为"彩云之南",简称"滇",位于我国西南边陲,全省面积39.41万平方千米,占全国总面积的4.1%,位居全国第8。东部与贵州省和广西壮族自治区相邻,北部以金沙江为界与四川省隔江相望,西北部紧邻西藏自治区,西部与缅甸接壤,南部与老挝、越南毗邻。

云南历史悠久,文化灿烂,是人类文明重要的发祥地之一。在这里发现了中国乃至亚洲最早的人类化石——元谋人化石,发现了早期人类生活的遗迹。沧源岩画距今3 000多年,讲述着早期云南人的故事。战国时期,滇池地区已有较大规模的部族栖息聚居。公元前4世纪,楚国将领庄蹻奉命率军攻略巴、蜀、黔中以西地区,来到滇池边,在这里建立了滇国。两百多年后,汉武帝为打通前往身毒(今印度)、大夏(今帕米尔以西的阿富汗一带)的道路而经略西南,滇王举国投降,汉朝在此设置益州郡并授予滇王金印。从汉到唐,关于云南的记载虽然很少出现在中原文献典籍中,但三块碑刻(《孟孝琚碑》《爨宝子碑》《爨龙颜碑》)的发现,证明云南的文化一直在中原未关注的边地悄然生长,从未断裂。唐宋时期,云南以洱海地区为中心,先后建立了臣属于中央王朝的南诏国和大理国政权,创造了独特灿烂的文明,在中华文明历史上留下了流光溢彩的一页。元灭大理继而明灭元,南诏大理国时期的文献大半毁于战火。明清两代,云南和中原地区的交流日益频繁、深入,云南本土文化和儒家文化逐步融合,成为西南地区文化鼎盛之地。到了近现代,在云南这片土地上上演了一幕幕可歌可泣的影响近现代中国历史进程的传奇——抗英斗争、护国起义、滇西抗战、"一二·一"爱国民主运动、云南和平解放等。

云南地理资源丰富,是各种地理气候奇观的荟萃之地。可以毫不夸张地说,游云南一地就可以欣赏到大自然造就的丰富多元的地理奇观,也可以在一个季节里感受到一年的四季变化。

云南地势西北高、东南低,从最低处海拔仅76.4米的滇南河口县南溪河与元江交汇处一路向西北攀升,到达最高处海拔达6 740米的德钦梅里雪山主峰卡瓦格博峰,平均每千米抬升6米。垂直变异地理构造使云南不同地区气候悬殊：滇南元江河谷，年平均气温达23.8 ℃；而滇西北德钦，年平均气温仅4.7 ℃。云南省内浓缩了热带、亚热带、温带、寒温带等多种气候，是冬避严寒、夏避酷暑的理想之地。

巨大的地理落差还使云南地貌类型复杂多样。云南堪称一座地质博物馆。云南地貌以山地为主，全省山地面积超33万平方千米，占全省总面积的88.6%。云南地貌以山脉为骨架呈手掌状分布，也称为"帚形山系"，高黎贡山、怒山、云岭由北向南并肩蜿蜒而下，越往南，越向东西向散开，形成横断山脉帚形山系。水随山势，在横断山脉的钳制下，怒江、澜沧江、金沙江几乎并排地平行南下，直到石鼓、碧江一带才分开，同样形成了帚形水系。这些山水之间孕育着高山深谷、雪域密林、江河瀑布、湖泊山峦、石林溶洞……集合了雄伟、巍峨、险峻、壮阔、绮丽、秀美、别致、原始、静谧……蔚为大观！

受复杂多样的地理环境、气候类型和历史上外来民族大量流入云南的影响，多民族多文化在这里汇聚交融，形成了多元民族文化特色。云南是我国少数民族种类最多的省份，在云南25个世居少数民族中，有15个为特有少数民族。2020年第七次全国人口普查数据显示，全省4 720.9万人中，汉族人口3 157.3万人，占总人口的66.88%；少数民族人口1 563.6万人，占总人口的33.12%。全省有100万人以上的少数民族有6个，分别是彝族（507.1万人）、哈尼族（163.3万人）、白族（160.8万人）、傣族（125.9万人）、苗族（125.3万人）、壮族（121.0万人），占云南少数民族总人口的76.96%。

得天独厚的气候条件，纵横交错的险峰峡谷，蜿蜒曲折的江河溪流，星罗棋布的湖泊温泉，绚丽多姿的民族风情，造就了这片山高水长、神奇壮美的人间乐土，吸引了来自四面八方的朋友在此观光驻足。

截至2024年9月，云南省有世界遗产6处，国家AAAAA级旅游景区10处，国家AAAA级旅游景区179处，世界地质公园2处，国家地质公园12处，国家历史文化名城7个。

云南旅游文学概述

　　云南的地貌、气候以及多姿多彩的少数民族文化，造就了其独特丰富的文化特征。这片神奇的土地给历代生活在这里的文人提供了取之不竭的创作灵感，使他们创造出了灿若星河的文学成果。这些文学成果主要以诗歌、游记、散文和辞赋等形式流传于世。

　　秦汉以前，云南大部分民族还处于刻木或结绳记事阶段，没有系统的文字记载。战国时期随着庄蹻入滇，汉移民迁入，汉文化不断传入云南。这一时期的历史记载于司马迁的《史记·西南夷列传》中。晋宁石寨山出土的"滇王之印"等文物，有力地证明了史籍的记载。发掘于云南昭通的《孟孝琚碑》汉字碑文，也证明了西汉时期，汉文化中的儒学思想已在云南东北的昭通地区传播。

　　东汉时滇西北至川西南一带的白狼部落首领唐蕞，向汉朝皇帝所献《白狼歌》，表达了边疆人民对中原文化的称许和向往，体现出强烈的归属感和向心力，是现存西南少数民族表达早期政治认同的诗歌，也是用汉字记录少数民族语言读音的"双语版"读物的先驱。范晔《后汉书·南蛮西南夷列传·哀牢》，记载了古代澜沧江至怒江流域一带少数民族的分布情况，以及汉王朝在此地域建设永昌郡的经历，展示了永昌郡建立后，对经云南通往缅甸、印度的古商道（西南丝绸之路）进一步开拓发展的促进作用。

　　晋代至南朝时期的《爨宝子碑》《爨龙颜碑》展现了中原文化与云南文化的紧密联系，同时又是极具研究价值的书法珍品。

　　唐代，云南文学得到了空前发展。南诏统治者多次派遣数千人到成都"习孔子之诗书"，客观上使云南进一步受到汉文化的熏陶和洗礼。

　　南诏时期，异牟寻即位后，任命曾经担任西泸（今四川西昌）县令的郑回为南诏清平官（宰相），秉政用事，积极推进汉化措施，在各个方面仿效唐朝，促进南诏与唐恢复友好关系。唐大历元年（766年），郑回起草了《南诏德化碑》，记载了南诏与唐朝从来往密切到交恶的历史，清楚地表达了南诏愿与唐恢复友好关系的愿望。

　　立于昭通盐津豆沙关的袁滋题记摩崖石刻，既是唐代中原与边疆地区友好往来的象征，也是云南隶属中原的铁证。

樊绰《云南志》中对南诏的风俗民情作了很多记录，包括当地民族的头饰、服装、婚恋、待客习俗等，充分体现了少数民族朴实、豪爽、热情的性格，其中对少数民族语言的记录颇为珍贵。

梁建方的《西洱河风土记》记载了西洱河一带古代少数民族部落的风俗人情，涉及族源饮食、服饰、婚丧、道德和规矩法度等方面，语言精练而讲述详备。

南诏至大理国时期，云南少数民族的优秀作家层出不穷，如骠信、赵淑达、杨奇鲲、段义宗等。他们创作的以散文、诗歌等体裁为主的文学作品，璀璨多姿，兼具文学和史料价值。

宋代，中原地区的先进文化对云南社会各阶层产生了强烈的吸引力，大理国人常常通过官方和民间的渠道学习内地的科技和文化知识。来自南亚、东南亚、中亚等地区的各种宗教、文化、艺术也先后传入云南，使云南文化呈现出多样化的特点。佛教文化作为大理国的国教得以兴盛。《段氏与三十七部会盟碑》《重修阳派兴宝寺续置常住记》《哀牢夫人墓碑》等碑刻和《云南买马记》等文章，对研究宋代大理国时期云南历史文化具有重要价值。

元代，随着忽必烈南征收复云南，云南的学校教育制度逐步完善。中庆路（昆明）、大理、建水等地纷纷建盖文庙、崇尚儒学，科举考试也在云南落地生根。当时大理总管段氏以及蒙古宗王（时称"云南王"或"梁王"）及其臣属，都有较高的汉文化修养，元代旅游文学在数量上、质量上都有所发展。

元朝一代，除了云南本土官宦文人的旅游文学作品，亦有不少寓居或宦滇文人留下了众多优秀篇章。李京是这一时期的代表人物。《李景山诗集序》云："二十年间，为诗凡数百篇，而云南诸作尤为世所传诵。"

《元世祖平云南碑》《张立道传》《创大理文庙碑》等碑文典籍，是元代开发、建设云南的历史写照。

元代文璋甫《火节》中"万朵莲花开海市，一天星斗下云间"和王庭《咂酒》中"枯筒未试香先透，熟水频添味转饶"等诗句，生动再现了少数民族过火把节、欢聚饮酒的场景。

明代以前，迁徙到云南的汉族大部分都融合进少数民族之中，而明代在云南实行的大规模移民屯田、"改土归流"、兴教办学、开科取士等政策，使汉族成为云南的"多数"民族。汉族与当地各民族朝夕相处，进一步传播了以儒学为核心思想的文化科技知识，使云南的社会发展水平得到提高。

随着汉文化的不断繁荣发展，云南文人出滇入仕、宦游或寓居，内地文人因移民、宦滇、经商或谪戍寓居云南，这些活动共同成就了云南旅游文学的崛起，优秀作家不断涌现，诗文别集大量呈现，作家群体初步形成，如兰茂、杨士云、木泰、李元阳、木公、木增、担当等等。《明史·郑和传》《木公传》《明史·杨一清传》《明史·杨黼传》《明史·杨慎传》等众多传记记录了云南各民族杰出才俊的事迹。

兰茂是云南颇负盛名的音韵学家、药物学家、诗人、教育家和理学宗匠。传世作品有《滇南本草》《声律发蒙》《玄壶集》《止庵吟稿》等。清袁嘉谷为兰茂题联"古滇真名士，玄壶老诗人"。

明代后期，一代才子杨慎流寓入滇，在他的影响下出现了"杨门六学士"或称"杨门七子"，"七子文藻，皆在滇云，一时盛事"，在滇三十余年中，杨慎写下了大量有关云南的史地著作及歌咏云南风光的诗文杂著。大旅行家徐霞客也多次涉足云南，在其游记中，与云南风物有关的文字有二十余万字，占《徐霞客游记》五分之二的篇幅。

明代云南名士李元阳与谪居于云南的杨慎相契最深，两人常常一起吟诗作画，同游胜景。李元阳与杨士云同修《大理府志》，并修订《云南通志》。李元阳著有《心性图说》《艳雪台诗》《中溪漫稿》，校刻《史记题评》《十三经注疏》《杜氏通典》等计764卷。

纳西族作家木公热爱汉文化，著有6部诗集，共1 000余首诗。代表作品有《仙楼琼华》《雪山始音》等。

担当和尚有诗、书、画"三绝"之誉，著有诗集《橛园集》《橛庵草》《罔措斋联语》《杂偈》《拈花颂》等。

罗为炯的《打歌赋》对滇西、滇南地区历史悠久、内蕴丰富的少数民族打歌活动进行了细致入微的生动描述。

清初即在云南实施的"改土归流"政策，既加强了清朝政权的政治统治，也促进了云南经济文化与中原的进一步整合与发展。当时，云南文学继承了明代蓬勃发展的态势，读书应举、吟诗作文逐渐成为社会风尚，出现了像赵士麟、孙髯、钱沣、李于阳、袁嘉谷、赵藩等闻名于世的学者文人。

孙髯题写的昆明大观楼长联，号称天下第一长联、海内长联第一佳作。孙髯也被后人尊称为"联圣"。

乾隆时期进士钱沣是当时有名的书画家，工楷书，善画马，留有《南园集》。

李于阳自幼好学，能文工诗，诗名满昆华、苍洱之间。其著作有《苍华诗文策》《外集》《诗话》《诗余》《偶编》等，今传《即园诗钞》14卷。

石屏人袁嘉谷在清光绪癸卯年（1903年）取经济特科一等第一名，是云南有科举考试以来600余年间唯一一名状元。1923年袁嘉谷参与创办东陆大学（现云南大学），任国学教授15载，著有《卧雪堂诗集》《卧雪堂文集》《滇绎》，参与《清史稿》编写，修《云南丛书》，主纂《石屏县志》《新纂云南通志·大事记》等，在史学、文学、经学、教育和书法等方面做出了显著的学术研究成果。

晚清白族进步文士赵藩主持编纂《云南丛书》，收录了明清以来云南地方著述和文献，对保存云南地方史地资料和文化贡献卓著。

五四运动之后的云南旅游文学，主要成就来源于抗战期间南迁的北京大学、清华大学和南开大学所组成的国立西南联合大学。国立西南联合大学中师生人才辈出，形成了庞大的文学创作阵容，代表作家有朱自清、闻一多、沈从文、穆旦、汪曾祺等。云南的山水风物、风情民俗也成为他们笔下倾情描绘歌咏的对象。

云南是中国民族种类最多的省份，各民族保留和传承了千姿百态、独具韵味的生产、生活、宗教和文化形态，创作出了丰富多彩的民间文学作品，这些作品是云南旅游文学大花园里别具魅力的珍奇异卉。

截至2024年9月，云南省有136项被列入国家级非物质文化遗产名录，其中属于民间文学类的有19项。它们是梁河县《遮帕麻和遮咪麻》，思茅区《牡帕密帕》，红河哈尼族彝族自治州《四季生产调》，石林彝族自治县《阿诗玛》，楚雄彝族自治州《梅葛》，双柏县《查姆》，德宏傣族景颇族自治州《达古达楞格莱标》，元阳县《哈尼哈吧》，西双版纳傣族自治州《召树屯与喃木诺娜》，沧源佤族自治县和西盟佤族自治县《司岗里》，富宁县《坡芽情歌》，德宏傣族景颇族自治州《目瑙斋瓦》，墨江哈尼族自治县《洛奇洛耶与扎斯扎依》，弥勒市《阿细先基》，丽江市《黑白战争》，大理白族自治州《剑川白曲》，丽江市"童谣"（纳西族童谣），绿春县《都玛简收》，以及青藏高原多民族《格萨（斯）尔》，等等。

第一板块 滇中景点文学

史记·西南夷列传（节选）

◎ [西汉] 司马迁

"滇王金印"的发现及
《史记·西南夷列传》

【导读】

20世纪50年代以来的多次大规模考古发现表明，云南早在3 000年前就已经进入青铜文明时期，据此推测云南当时就已经出现了古代国家或部落，但是史籍中关于这些小国家或部落的记载实在太少，以至于如今我们只能从那些锈迹斑驳的青铜器上遥想他们当年曾经的辉煌。在云南早期出现的众多小国中，古滇国无疑是幸运的，西汉史学家司马迁在《史记·西南夷列传》中留下的珍贵文字向我们讲述了古滇国的由来及后来滇王归附西汉的那段历史。1956年冬天，晋宁石寨山出土的"滇王之印"，有力地证实了司马迁关于古滇国记录的真实性。

从《史记·西南夷列传》中我们得知，古滇国从建立到被发现，再到第一次被收归中原王朝版图的历史源流，其中充满了许多历史的巧合，但也正因为这些偶然事件，促进了云南与中原地区的联系和融合。课文反映了民族一统的历史观念，表达了维护中央集权统治和国家统一的政治思想。利用课后注释和工具书，读懂史籍里的文字内容，了解云南早期历史和文明发展情况，增进我们对于云南这片土地的认识和热爱，理解庄蹻入滇的重大历史价值和政治意义。

就让我们跟随司马迁的视角去开启一段云南"寻根之旅"吧！

西南夷君长以什数[1]，夜郎最大。其西靡莫之属以什数，滇最大。自滇以北君长以什数，邛都最大[2]。此皆魋结[3]，耕田，有邑聚[4]。其外西自同师以东，北至楪榆，名为嶲、昆明[5]，皆编发，随畜迁徙，毋常处[6]，毋君长，地方可数千里。自嶲以东北，君长以什数，徙、筰都最大；自筰以东北，君长以什数，舟艘最大[7]。其俗或土箸[8]，或移徙，在蜀之西。自舟艘以东北，君长以什数，白马最大[9]，皆氐类也[10]。此皆巴、蜀西南外蛮夷也。

始楚威王时[11]，使将军庄蹻将兵循江上[12]，略巴、蜀、黔中以西[13]。庄蹻者，故楚庄王苗裔也[14]。蹻至滇池，地方三百里，旁平地，肥饶数千里，以兵威定属楚。欲归报，会秦击夺楚巴、黔中郡[15]，道塞不通，因还，以其众王滇，变服[16]，从其俗，以长之[17]。秦时常頞略通五尺道[18]，诸此国颇置吏焉。十余岁，秦灭。及汉兴，皆弃此国而开蜀故徼[19]。巴、蜀民或窃出商贾[20]，取其笮马、僰僮、髦牛[21]，以此巴、蜀殷富[22]。

建元六年[23]，大行王恢击东越，东越杀王郢以报[24]。恢因兵威使番阳令唐蒙风指晓南越[25]。南越食蒙蜀枸酱[26]，蒙问所从来，曰"道西北牂柯[27]，牂柯江广数里，出番禺城下"。蒙归至长安，问蜀贾人，贾人曰："独蜀出枸酱，多持窃出市夜郎。夜郎者，临牂柯江，江广百余步，足以行船。南越以财物役属夜郎[28]，西至同师，然亦不能臣使也[29]。"蒙乃上书说上曰："南越王黄屋左纛[30]，地东西万余里，名为外臣，实一州主也。今以长沙、豫章往，水道多绝，难行。窃闻夜郎所有精兵，可得十余万，浮船牂柯江，出其不意，此制越一奇也。诚以汉之强，巴、蜀之饶，通夜郎道，为置吏，易甚。"上许之。乃拜蒙为郎中将，将千人，食重万余人[31]，从巴、蜀笮关入[32]，遂见夜郎侯多同[33]。蒙厚赐，喻以威德，约为置吏，使其子为令[34]。夜郎旁小邑皆贪汉缯帛，以为汉道险，终不能有也，乃且听蒙约。还报，乃以为犍为郡。发巴、蜀卒治道，自僰道指牂柯江[35]。蜀人司马相如亦言西夷邛、笮可置郡。使相如以郎中将往喻，皆如南夷[36]，为置一都尉，十余县，属蜀。

当是时，巴、蜀四郡通西南夷道，戍转相饷[37]。数岁，道不通，士罢饿离湿[38]，死者甚众。西南夷又数反，发兵兴击，耗费无功。上患之，使公孙弘往视问焉。还对，言其不便[39]。及弘为御史大夫，是时方筑朔方以据河逐胡[40]，弘因数言西南夷害，可且罢，专力事匈奴[41]。上罢西夷，独置南夷夜郎两县一都尉，稍令犍为自葆就[42]。

及元狩元年[43]，博望侯张骞使大夏来[44]，言居大夏时见蜀布、邛竹杖，使问所从来[45]，曰："从东南身毒国[46]，可数千里，得蜀贾人市[47]"。或闻邛西可二千里有身毒国。骞因盛言大夏在汉西南，慕中国，患匈奴隔其道[48]，诚通蜀[49]，身毒国道便近，有利无害。于是天子乃令王然于、柏始昌、吕越人等，使间出西夷西[50]，指求身毒国[51]。至滇，滇王尝羌乃留，为求道西十余辈[52]。岁余，皆闭昆明[53]，莫能通身毒国。

滇王与汉使者言曰："汉孰与我大[54]？"及夜郎侯亦然[55]。以道不通故，各自以为一州主，不知汉广大。使者还，因盛言滇大国，足事亲附[56]。天子注意焉[57]。

…………

上使王然于以越破及诛南夷兵威风喻滇王入朝[58]。滇王者，其众数万人，其旁东北有劳浸、靡莫[59]，皆同姓相扶，未肯听。劳浸、靡莫数侵犯使者吏卒。元封二年[60]，天子发巴、蜀兵击灭劳浸、靡莫，以兵临滇。滇王始首善[61]。以故弗诛。滇王离西南夷，举国降，请置吏入朝。于是以为益州郡，赐滇王王印，复长其民[62]。

西南夷君长以百数，独夜郎、滇受王印。滇小邑，最宠焉。

（选自《史记》，司马迁著，上海古籍出版社，1997年8月第1版，有删节。）

【注释】

[1] 西南夷，泛指我国西南边疆的少数民族。君长，即部落首领。什，通"十"。数，统计、计算。

[2] 夜郎，古代部族名、古国名。靡莫，古代部落名，属于羌氏族系统。滇，古代部族名、古国名。邛（qióng）都，古代部族名、古国名。

[3] 魋结，一种发式，将头发梳成椎形，故称"椎髻"。

[4] 邑，城镇。聚，村落。

[5] 嶲（xī），古代部族名。昆明，古代部族名、古国名。

[6] 毋常处，无永久居住的地方。

[7] 徙、筰（zuó）都，古代部族名、古国名。冉、駹（máng），皆为古代部族名。

[8] 土箸，定居某地，长期不移动。箸，通"著"。

[9] 白马，古代部族名。

[10] 氏类，氐族的同类，都属于氐族。

[11] 楚威王，楚国国君，前339年至前329年在位。庄蹻入滇在顷襄王（前298年至前263年在位）时，此楚威王当是楚顷襄王之误。《后汉书》及《华阳国志》皆作顷襄王。

[12] 庄蹻于顷襄王二十年（前279年），曾率兵沿长江从黔中进入云南，后因秦兵南侵，

堵塞他回楚之路，便在滇中称王。将，率。循，沿着。江，长江。

[13] 略，攻取。

[14] 苗裔，后代子孙。

[15] 会，恰巧。击夺，攻击夺取。秦昭襄王时，于楚顷襄王十九年（前280年），秦国夺取楚国黔中之地（见卷五《秦本纪》）。又于顷襄王二十二年（前277年），再次夺楚黔中郡和巫地（见卷四十《楚世家》与卷五《秦本纪》）。

[16] 变服，改变楚的服饰，穿起当地人的服装。

[17] 长之，给当地人当长帅。

[18] 略，大略。五尺道，道路名。秦统一中国后，为控制西南地区，在四川宜宾和云南曲靖间修了一条大道，路面宽五尺，故称五尺道。

[19] 开，《汉书》作"关"，王念孙《读书杂志·史记》以为当作"关"，关塞，即把蜀地原来的边界当作关。故，原。徼，边界。

[20] 或，有的人。商贾，做买卖。

[21] 筰马，筰都的马。僰（bó）僮，僰人奴婢。按僰是古代部族名。髦牛，即牦牛。

[22] 殷富，特别富有。

[23] 建元，汉武帝的第一个年号（前140年至前135年）。

[24] 东越：古代部族名、古国名，是越人的一支。

[25] 因，凭借。使，派。风，通"讽"，委婉劝告。指，通"旨"，旨意。

[26] 食，给吃。枸酱，用枸的果实做的酱。枸是树名，即蒌叶，又名蒟酱、扶留藤。其果实呈绿黄色，可制酱。

[27] 道，经由。牂柯，古代河名。

[28] 役属，归属而服役。

[29] 臣使，像臣下那样驱使。

[30] 黄屋，帝王之车，其车以黄缯饰里。左纛（dào），插在车厢左边的用牦牛尾或雉尾装饰的旗子。这是皇帝的车饰。

[31] 将，率领。食重，粮食和辎重。

[32] 巴蜀筰关，当作"巴符关"（见王念孙《读书杂志·史记》）。入，指进入夜郎。

[33] 夜郎侯，夜郎国的长帅。

[34] 令，相当于县令的官。

[35] 指，通向。

[36] 相如，指司马相如。他在武帝时曾出使西南夷，对开发西南边疆有很大贡献。如，如同。

[37] 四郡，指巴郡、蜀郡、广汉、汉中。戍，指戍边的士卒。转，指运输物资之人。饷，指军粮。

[38] 罢，通"疲"。离，通"罹"，遭受。

[39] 便，利。

[40] 据，凭借。河，黄河。逐胡，驱逐匈奴。

[41] 因，乘机。且，暂时。事，从事。

[42] 稍，逐渐。葆，通"保"。就，成就。

[43] 元狩，汉武帝的第四个年号（前122年至前117年）。

[44] 使，出使。大夏，西域国名。来，回来。

[45] 使问，派人询问。所从来，从何地弄来。

[46] 身毒国，古国名，或译作"天竺""天毒""乾毒"等。

[47] 市，买。

[48] 隔，阻隔。

[49] 诚，若，如果。

[50] 间，走小路，走捷径。

[51] 指，通"旨"，意旨。求，找到。

[52] 为求道西，为他们寻找西去的道路。十余辈，指滇国派出找寻西去之路的十多批人。

[53] 闭，阻塞。

[54] 孰与，与……比，哪一个……

[55] 然，如此。

[56] 足事亲附，值得让他们亲近归附汉朝。

[57] 注意焉，专注留意这件事。焉，兼词，相当于"于是（此）"。

[58] 越破，南越被灭亡。风喻，委婉劝告。风，通"讽"，用含蓄的话暗示或劝告。

[59] 劳浸、靡莫，均为古国名。

[60] 元封，汉武帝第六个年号（前110年至前105年）。

[61] 首善，最先表示善意归顺。

[62] 复，又。长，做一国之长，此言统领其民。

【思考与练习】

1.结合注释，理解疏通文意。

2.用自己的语言概括介绍史料中所讲述的这段早期云南历史。

3.为什么"西南夷君长以百数，独夜郎、滇受王印"？请结合课文，说说自己的理解。

4.请说出庄蹻入滇和汉武帝授滇王印这两个事件的历史和政治意义。

【知识链接】

滇王金印的发现

中国拥有灿烂的青铜文明史，早在公元前3000年就已掌握了青铜冶炼技术，是世界上较早进入青铜时代的国家和地区之一。云南作为拥有铜、锡、银等丰富矿藏的"有色金属王国"，几乎和中原地区同步进入了青铜时代，创造了独特而灿烂的青铜文明。

云南的青铜文明汇聚于一个古老的王国——古滇国。但在长达两千多年的时间里，这个王国却沉睡在文献记载之外的阴暗处，直到20世纪中后叶，这个古老的青铜王国终于掀开历史尘封的面纱，闪烁在阳光之下。

1956年12月28日下午2点，在昆明市晋宁区晋城镇石寨山，6号墓葬的文物清理工作已经接近尾声。这时，在一堆古老漆器的黄色粉末中，一块裹满黄色泥土的方块状物体引起了考古学家孙太初等人的注意。孙太初轻轻捡起那块物体，放在掌中掂量，分量不轻。凭借多年考古经验，孙太初相信泥土包着的物体应该是某种金属铸就的东西。孙太初用软

毛刷轻轻刷去物体外面包裹的泥土，物体的一角突然闪现出了一缕耀眼的光芒。孙太初的手微微颤抖，继续小心翼翼地将物体上残余的泥土刷去，4个典型的汉字篆书"滇王之印"清晰地显露出来！整颗金印光彩夺目，四边完整无损，背上盘绕着一条金蛇，回首逼视，两眼熠熠放光，那是古滇国穿越两千年的时光尘埃，凝视今人的目光。印作蟠蛇纽，蛇背有鳞纹，蛇首昂首向右上方。印面每边长2.4厘米，印身厚0.7厘米，通纽高2厘米，重90克。纽和印身是分别铸成后焊接起来的。文乃凿成，笔画两边的凿痕犹可辨识，篆书白文四字，曰"滇王之印"。

滇王金印的发现，有力证明了司马迁《史记·西南夷列传》关于古滇国的记载，证明了古滇国确实存在过，而不是一个传说和虚构的王国！这一发现揭开了古滇国的神秘面纱，也揭开了古代云南青铜传奇的面纱，为云南的古代史乃至中国的古代史补写上了浓墨重彩的一笔！更重要的是，在新中国考古史上，像这样出土文物与文献记载严丝合缝相互印证的案例极为罕见。因此，滇王金印的出土显示出它的与众不同和极高的考古价值。

西汉时期，中央王朝为了统治边疆地区，往往采用"以夷制夷"的策略，只要称臣纳贡，不对抗中央王朝，一般都以赐印、委派官爵等方式统治，来行使汉王朝对边疆地区的统治和管理。西汉时，汉武帝曾在现在的晋宁设立益州郡。从现已掌握的考古发掘的情况

来看，文献记载的汉代金印有 1784 年在日本博多志贺岛上出土的"汉委奴国王"金印、1956 年在云南晋宁石寨山汉墓出土的"滇王之印"蛇纽金印和 1981 年在江苏省扬州附近的邗江县（今邗江区）甘泉山二号汉墓出土的"广陵王玺"。这几枚金印的出土，充分印证了汉代中央王朝对这些地区的统治，也印证了两千多年前《史记》《后汉书》中记载的内容是真实可信的。

滇王金印的发现还间接证明贵州的古夜郎国也是存在的。随着滇王金印的出土，贵州省组织了对"夜郎王印"的寻找。如今，虽然那枚王印仍未找到，但滇王金印的发现足以证明同在《史记》中记载的那枚"夜郎王印"是确实存在的。

滇王金印的发现同样可以间接证明云南传说中存在的一些古代王国——滇西洱海一带的张氏白子国、滇中的哀牢国都是可能存在的，并不仅仅是个传说。

"滇王金印"的发现者孙太初，也由名不见经传的普通考古学者，成为新中国考古泰斗，与参与鉴定"越王勾践剑"的史树青并称为"南孙北史"。

杨慎诗二首

◎ [明] 杨　慎[1]

【导读】

明代状元杨慎（号升庵，1488—1559年）被贬云南，曾写下多首吟咏滇池的诗歌，在他的《春望三绝》中更是把"春城"美名赋予昆明，从此成为昆明的标志性名片。杨慎被流放云南，"红颜而出，华颠未归"，被称为"千古奇谪"，这对他个人来说是个极大的不幸，但对明代学术和云南文化而言却是一大幸事。他一生著作达400种（今存200余种），大部分都是在流放云南期间写成的。在著述的同时，他放情山水，寻幽探胜，足迹遍及滇西北与滇南。他每到一处，便以文会友，与当地官员、少数民族头人和士人建立了良好关系；通过广收门生、传道授业和诗文交往，介绍传播中原文化，对云南文化发展作出了很大贡献。

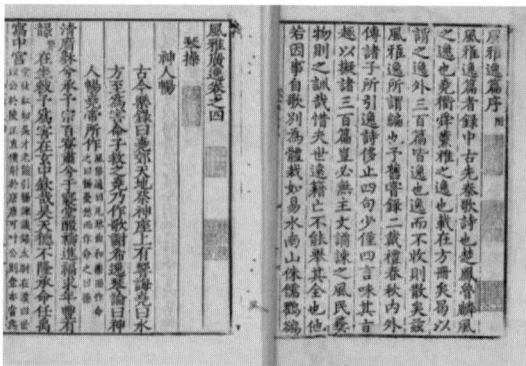

杨慎编《风雅逸篇》

这两首诗都是杨慎被流放到云南时所写的歌咏昆明风物的作品，表现了昆明四季鲜花不断、温暖如春的气候特点。第一首诗描写滇池周边水波粼粼、风和日丽、渔人泛舟的和谐景象，从而感叹昆明得天独厚的气候条件；第二首诗在赞美春城和温暖天气的同时，流露出对家乡的思念之情。其中，"春城风物近元宵"一句中的"春城"，是昆明誉称"春城"的开始，至今已有450多年的历史。熟读并理解这两首诗，了解杨慎生平及其与云南的渊源，体会诗人被流放云南后长期在此生活的心理活动。

滇海曲（其十）

蘋香波暖泛云津，渔枻[2]樵歌曲水滨。

天气常如二三月，花枝不断四时春。

春望三绝（其二）

春城风物近元宵，柳亚[3]帘拢花覆桥。

欲把归期卜神语，紫姑[4]灯火正萧条。

（选自《杨慎戍滇诗集》，秦栋编注，云南民族出版社，2012年12月第1版。辑自《升庵遗集》。）

【注释】

[1] 杨慎，明代文学家，字用修，号升庵，新都人，明朝首辅杨廷和之子，与解缙、徐渭并称"明代三大才子"。

[2] 渔枻（yì），渔船的桨。虞骞诗："樵歌喧垄暮，渔枻乱江晨。"

[3] 亚，亚枝花。《升庵诗话》亚枝花："白居易集有亚枝，谓临水低枝也。孟东野：'南浦桃花亚水红，水边柳絮飏春风。'"

[4] 紫姑，紫姑神。古代有以吉凶归期占于紫姑神。欧阳修《蓦山溪》词："应卜紫姑神，问归期、相思望断。"

【思考与练习】

1.从《滇海曲（其十）》中，我们可以看出明代时期滇池周边的环境是怎么样的？

2.《春望三绝（其二）》反映了昆明怎样的物候特点？诗中流露出诗人怎样的情感？

3.杨慎被流放云南，在云南生活了长达37年，足迹遍及云南各地。上网查资料，了解这位明代才子曾经到过云南的哪些地方？留下了哪些历史佳话和人文遗迹？

4.昆明因得天独厚的气候条件，一年四季鲜花不断。《滇海曲（其十）》中就写到昆明"花枝不断四时春"。上网搜索，为同学们介绍昆明一年四季都有哪些赏花的好去处。

【知识链接】

春望三绝（其一）

[明]杨　慎

海气春初绿渐深，飞云一片结空阴。

波平草短堪长望，愁杀枫林千里心。

春望三绝（其三）

[明]杨　慎

高楼明月夜如何，唱到梁州乡思多。

肯为流光惜沉醉，枉教愁梦乱烟波。

大观楼长联

◎[清] 孙　髯

大观楼长联　　大观楼介绍

【导读】

　　始建于清康熙年间的昆明大观楼，叠阁凌虚，层楼映水，凭栏远眺，碧波荡漾，烟鹭沙鸥，但使这一名胜闻名遐迩的不是令人心旷神怡的风景，而是数十年后横空出世的180字长联。长联气势磅礴，意境高远，扫涤俗唱，令人击节叫绝，"闻者莫不兴起，冀一登临为快"，被誉为"海内第一长联"。上联写滇池四周风光，像一幅山水画；下联记云南历史烟云，如一篇叙事诗。1961年1月24日，郭沫若游大观楼，即席写下《登大观楼即事》："果然一大观，山水唤凭栏。睡佛云中逸，滇池海样宽。长联犹在壁，巨笔信如椽。我亦披襟久，雄心溢两间。"然而，你知道吗，长联的作者只是一介落魄书生、终生未得功名？而长联问世后，更曾被一些别有用心之徒多次篡改，但是经过时间的淘洗荡涤，最终能留下的必然是深入人心的真正的经典！

　　长联上联描绘了浩渺无际的滇池以及滇池周边群山环抱、烟柳螺洲、稻田飘香、晴沙万顷的秀逸景色，表达了对滇池无限风光的热爱之情；下联回顾了汉代以来与云南有关的历史典故，表达了尽管封建统治者们费尽"移山心力"，最终都将如"暮雨朝云"，消失在历史尘烟之中，只留下一片凄凉，包含着作者对封建王朝永久性的质疑。

　　熟读长联，了解大观楼的建造历史及概况，了解作者孙髯的生平经历，理解大观楼长联的思想内容，赏析长联的艺术手法。

　　五百里[1]滇池，奔来眼底，披襟岸帻[2]，喜茫茫空阔无边。看东骧神骏[3]，西翥灵仪[4]，北走蜿蜒[5]，南翔缟素[6]。高人韵士，何妨选胜登临。趁蟹屿螺洲[7]，梳裹就风鬟雾鬓[8]；更苹天苇地[9]，点缀些翠羽丹霞[10]，莫孤负四围香稻[11]，万顷晴沙，九夏芙蓉[12]，三春杨柳。

　　数千年往事，注到心头，把酒凌虚[13]，叹滚滚英雄谁在。想汉习楼船[14]，唐标铁柱[15]，宋挥玉斧[16]，元跨革囊[17]。伟烈丰功，费尽移山心力。尽珠帘画栋，卷不及暮雨朝云；便断碣残碑[18]，都付与苍烟落照。只赢得几杵疏钟，半江渔火，两行秋雁，一枕清霜。

　　（选自《大观楼长联及作者孙髯》，余嘉华著，云南人民出版社，1980年6月第1版。）

【注释】

　　[1] 五百里，滇池周广五百余里（古今度量衡差异＋文学夸张，明代的工程测量应该大约300里）。围湖造田（海埂公园附近的部分湿地，对周长影响很小）后，今仅80里长（今用 Google Earth 测量，约105千米）。

　　[2] 披襟，披开衣襟。岸，动词，推开的意思。帻（zé），古时的一种头巾。

　　[3] 神骏，指昆明东面的金马山。骧，昂头奔跃的马。

　　[4] 翥（zhù），飞起。灵仪，凤凰一类的鸟，指滇池西面的碧鸡山。

　　[5] 蜿蜒，指昆明北面的蛇山（长虫山）。

　　[6] 缟素，白色的绢帛，指昆明西面的白鹤山。

　　[7] 蟹屿螺洲，滇池中以蟹与螺壳堆成的小岛或小沙洲。另一说，此处用比喻，指滇池中点缀着如蟹如螺的小岛或小沙洲。

　　[8] 风鬟雾鬓，鬟（huán），环形发髻；鬓（bìn），耳边垂发，喻风中垂柳。

　　[9] 苹，水草。苇，芦苇。"天"和"地"形容数量之多。

　　[10] 翠羽，翠绿色的鸟雀。丹霞，红色的云霞。

　　[11] 孤负，意思是枉然、白费。"孤"也作"辜"。

　　[12] 九夏，指夏季的90天。芙蓉，荷花。

[13] 把酒凌虚，对着天空举起酒杯。

[14] 汉习楼船，汉武帝修昆明湖、治楼船以习水军，打通前往印度的水路。

[15] 唐标铁柱，唐中宗时平吐蕃之乱，"建铁柱于滇池以勒功"。

[16] 宋挥玉斧，玉斧为文房古玩，作镇纸用。为阻止宋徽宗在大渡河畔和大理购买战马，当时的边官编造宋太祖曾在版图上用玉斧"画大渡河为境界"，以玉斧画大渡河以西曰："此外非吾有也！"

[17] 元跨革囊，指忽必烈征大理过大渡河至金沙江，乘革囊及皮筏以渡。

[18] 断碣残碑，指历代帝王所立的功德碑，随时间而断裂残破。

【思考与练习】

1.长联上、下两联分别写了什么内容？表达了作者怎样的思想情感？

2.下联用了四个典故，上网查资料，概括这四个典故所涉及的历史人物和故事，思考作者运用典故的用意。

3.赏析长联的写作手法，结合具体文句做重点分析。

4.近年来滇池治理取得显著成效，周围湿地公园连成一线，重现"苹天苇地""翠羽丹霞"的景象，甚至更胜往昔。走访滇池，写一首小诗、一副对联或一篇随笔，歌颂今日滇池的新气象。注意运用情景交融的写作手法。

5.背诵这副长联。

【知识链接】

大观楼楹联（一）

[清] 宋　湘

千秋怀抱三杯酒，

万里云山一水楼。

大观楼楹联（二）

[清] 赵　藩

滇池非即昆明池。误认战习楼船，元人殊陋矣！

汉县原为谷昌县。上溯疆开筰路，楚蹻实先之。

登大观楼即事

郭沫若

果然一大观，山水唤凭栏。

睡佛云中逸，滇池海样宽。

长联犹在壁，巨笔信如椽。

我亦披襟久，雄心溢两间。

【款】一九六一年一月廿四日登大观楼即事

最后一次讲演

◎闻一多

【导读】

1937年7月，抗日战争全面爆发，为躲避战火，多所高校纷纷南迁。其中，北京大学、清华大学、南开大学先在长沙组建国立长沙临时大学，后西迁昆明，改称国立西南联合大学。西南联大历时8年多，涌现出众多科技、文化、教育等领域的优秀人才、大师，堪称教育史上的奇迹，保存和延续了中华文脉。联大师生继承和发扬爱国主义精神，宣传抗日救亡思想，掀起了轰轰烈烈的爱国救亡民主运动。

闻一多先生是著名诗人、学者、民主战士，1938年随校来到昆明，任西南联大教授。在昆明期间，闻一多先生一边治学和创作，一边为国家民族未来奔走疾呼。在以联大为中坚力量的学生爱国民主运动——"一二·一"运动中，他始终与青年学生站在一起，支持爱国学生运动。1946年7月11日，国民党反动派暗杀了著名的爱国人士、社会教育家李公朴先生，闻一多先生当即通电全国，控诉反动派的罪行。7月15日，在李公朴先生遇难经过报告会上，闻一多先生作了怒斥反动派暗杀行径的即席演讲，仅4小时后，闻先生在回家的路上，光天化日之下惨遭国民党特务杀害。这次演讲，成为闻一多先生的最后一次演讲。

在演讲中，闻一多先生严厉声讨反动派的无耻罪行和卑劣行径，高度颂扬了李公朴先生为民主与和平而献身的崇高精神，同时号召广大人民群众站起来，一起与反动派作坚决的斗争。学习本文，可实地走访西南联大、云南大学至公堂旧址，以及闻一多、李公朴先生殉难处，了解西南联大建校历史及演讲产生的历史背景和环境，体会作者句式多变、情感悲愤激昂的行文风格，学习革命先辈为争取和平民主而奋力拼搏、前赴后继的斗争精神，得到思想境界的升华。

这几天，大家晓得，在昆明出现了历史上最卑劣，最无耻的事情！李先生究竟犯了什么罪？竟遭此毒手？他只不过用笔写写文章，用嘴说说话，而他所写的，所说的，都无非是一个没有失掉良心的中国人的话！大家都有一支笔，有一张嘴，有什么理由拿出来讲啊！有事实拿出来说啊！（闻先生声音激动了）为什么要打要杀，而且又不敢光明正大地来打来杀，而偷偷摸摸的来暗杀！（鼓掌）这成什么话？（鼓掌）

今天，这里有没有特务？你站出来！是好汉的站出来！你出来讲！凭什么要杀死李先生？（厉声，热烈的鼓掌）杀死了人，又不敢承认，还要诬蔑人，说什么"桃色事件"，说什么共产党杀共产党，无耻啊！无耻啊！（热烈的鼓掌）这是某集团的无耻，恰是李先生的光荣！李先生在昆明被暗杀，是李先生留给昆明的光荣！也是昆明人的光荣！（鼓掌）

去年"一二·一"昆明青年学生为了反对内战，遭受屠杀，那算是青年的一代献出了他们最宝贵的生命！现在李先生为了争取民主和平而遭受了反动派的暗杀，我们骄傲一点说，这算是像我这样大年纪的一代，我们的老战友，献出了最宝贵的生命。这两桩事发生在昆明，这算是昆明无限的光荣！（热烈的鼓掌）

反动派暗杀李先生的消息传出后，大家听了都悲愤痛恨。我心里想，这些无耻的东西，不知他们是怎么想法？他们的心理是什么状态？他们的心怎样长的？（捶击桌子）其实很简单，（低沉渐离）他们这样疯狂的来制造恐怖，正是他们自己在慌啊！在害怕啊！所以他们制造恐怖，其实是他们自己在恐怖啊！特务们，你们想想，你们还有几天？你们完了，快完了！你们以为打伤几个，杀死几个，就可以了事，就可以把人民吓倒了吗？其实广大的人民是打不尽的，杀不完的！要是这样可以的话，世界上早没有人了。你们杀死了一个李公朴，会有千百万个李公朴站起来！你们将失去千百万的人民！你们看着我们人少，没有力量？告诉你们，我们的力量大得很！多得很！看今天来的这些人，都是我们的人，都是我们的力量！此外还有广大的市民！我们有这个信心：人民的力量是要胜利的，真理是永远存在的。历史上没有一个反人民的势力不被人民毁灭的！希特勒，墨索里尼，不都在人民之前倒下去了吗？翻开历史看看，你还站得住几天！你完了，快完了！我们的光明就要出现了。我们看，光明就在我们的眼前，而现在正是黎明之前那个最黑暗的时候。我们有力量打破这个黑暗，争到光明！我们的光明，就是反动派的末日！（热烈的鼓掌）

反动派故意挑拨美苏的矛盾，想利用这矛盾来打内战。任你们怎么样挑拨，怎么样离间，美苏不一定打呀！现在四外长会议已经圆满闭幕了。这不是说美苏间已没有矛盾，但是可以让步，可以妥协。事情是曲折的，不是直线的。

李先生的血，不会白流的！李先生赔上了这条性命，我们要换来一个代价。"一二·一"四烈士倒下了，年轻的战士们的血，换来了政治协商会议的召开；现在李先生倒下了，他的血要换取政协会议的重开！（热烈的鼓掌）我们有这个信心！（鼓掌）

"一二·一"是昆明的光荣，是云南人民的光荣。云南有光荣的历史，远的如护国，这不用说了，近的如"一二·一"，都是属于云南人民的。我们要发扬云南光荣的历史！（听众表示接受）

反动派挑拨离间，卑鄙无耻，你们看见联大走了，学生放暑假了，便以为我们没有力量了吗？特务们！你们错了！你们看看今天到会的一千多青年，又握起手来了，我们昆明的青年决不会让你们这样蛮横下去的！

反动派，你看见一个倒下去，可也看得见千百个继起的！

正义是杀不完的，因为真理永远存在！（鼓掌）

历史赋予昆明的任务是争取民主和平，我们昆明的青年必须完成这任务！

我们不怕死，我们有牺牲的精神，我们随时像李先生一样，前脚跨出大门，后脚就不准备再跨进大门！（长时间热烈的鼓掌）

（选自《最后一次讲演》，闻一多著，长江文艺出版社，2018年12月第1版。）

【思考与练习】

1.这篇演讲为何题为"最后一次演讲"？请了解这篇演讲产生的历史背景，并在全班分享。

2.对比和举例论证是本文的主要写作特色，结合课文，请举例说明。

3.这是一篇即兴演讲，请上网查阅资料，了解什么是即兴演讲。作为一篇即兴演讲，本文有哪些特点？

4.在演讲中，闻一多先生对进步青年提出了什么样的号召？闻一多先生的遗愿，上一代青年人完成了，他们用鲜血和生命换来了一个崭新的世界，换来了我们今天的幸福生活。我们新时代中国青年的任务又是什么呢？怎样做才能不辜负革命先烈的牺牲和期望呢？

5.观看五集纪录片《西南联大》。

【知识链接】

国立西南联合大学

万里长征，辞却了五朝宫阙，暂驻足衡山湘水，又成离别。绝徼移栽桢干质，九州遍洒黎元血。尽笳吹，弦诵在山城，情弥切。

千秋耻，终当雪。中兴业，须人杰。便一成三户，壮怀难折。多难殷忧新国运，动心忍性希前哲。待驱除仇寇，复神京，还燕碣。

这首改编自岳飞《满江红》的西南联大校歌，词作者是罗庸、冯友兰。词的上半阕描述了战乱年代，中华学子历险南迁的辛酸与无奈，下半阕则唱出了联大师生不屈之壮志，以及对胜利之期望。西南联大是一所诞生于炮火硝烟中的学校，存在仅仅8年时间，却培养出了大批人才，创造了中国教育史上的奇迹。这是一所怎样的学校？其出现对于中国教育史乃至中国文明的传承有哪些深远意义呢？

一、国立西南联合大学的建立

1937年7月，卢沟桥事变后，抗日战争全面爆发。为躲避战火，多所高校纷纷南迁。其中，北京大学、清华大学、南开大学先在长沙合组建立国立长沙临时大学，由三校原校长蒋梦麟、梅贻琦、张伯苓任常务委员主持校务。

后因日军飞机频繁空袭长沙，1938年2月，临时大学分3路陆续迁往昆明：第一路由长沙乘坐火车抵达香港，然后乘船抵达越南海防、河内，再改乘火车，由滇越铁路进入云南。第二路由陈岱孙教授组织，从长沙乘火车到广西桂林，再由桂林乘汽车途经柳州、南宁、镇南关进入越南，转乘火车入滇。第三路为湘黔滇旅行团，由长沙经湘西入滇，全程1 660多千米，步行约1 300千米，历时68天，于4月28日抵昆。团长为东北军黄师岳中将，学生284人组成18个小队，教师11人组成辅导团，五位教授黄钰生（南开）、曾昭抡（北大）、李继侗（清华）、闻一多（清华）、袁复礼（清华）组成指导委员会，黄钰生任主席。师生们一路调查，考察，采集标本，收集民歌、民谣，访问少数民族村寨，是一段难得的锻炼体力和意志力的经历。

到达昆明后，临时大学更名为国立西南联合大学（简称"西南联大"）。西南联大成立后，面向全体师生征集校训，最后选了四个字："刚毅坚卓"，充分体现了当时中国学者和学子的风骨。

二、西南联大的生活

西南联大的教学和生活条件非常艰苦，校舍十分简陋。教室、实验室和学生宿舍都是简易平房，或是借用当地中学的空闲校舍以及会馆、商行、庙宇的房舍办学。

杨彤在《穷苦的大学生》一文中这样描述西南联大："新校舍从外面看简直和乡村房子一样，黄泥墙，涂上灰石灰。窗子是木条横七竖八拦成的，买不起玻璃，就用报纸或玻璃纸、牛皮纸，拿来粘在上面以蔽风。屋上铺的是茅草，只有几间课堂有被铁皮铺屋顶的幸运。至于内部，更不像话，地板是没有的，天花板更谈不到，四五十个人挤在这么一间屋子里。晚上，每四个人合用着一盏豆油灯。"

教室是铁皮屋顶，冬不保暖，夏不纳凉。遇到雨季，雨点敲打在屋顶上，叮当作响，雨大时犹如鼙鼓擂响，声音盖过教授慷慨激昂的讲课声，以至于教授无法再将课讲下去。一次，雨声实在太大，陈岱孙教授只好在黑板上写下四个大字："停课赏雨！"成为联大的经典画面。

铁皮屋顶的教室虽有诸多弊端，至少也能遮风挡雨。可是到了西南联大办学后期，"就是这样的铁皮屋顶，最后因学校缺钱，校方也不得不将进口的马口铁变卖换回一些钱，屋顶又改成稻草的"。

学生宿舍是简陋拥挤的茅草房，茅草房里只有紧密排列的双层木床，一间宿舍要住大概40名学生，宿舍内没有桌椅。全校只有一间容纳200多人的阅览室。很多同学课后没地方学习，只得去学校附近的茶馆，点上一碗茶，就在那里坐上一整天看书学习。

许多学生来自沦陷区，当时邮、汇都已中断，得不到家中任何接济和资助，同学们不得不通过当家庭教师，去中学兼课，半工半读来维持生活。

西南联大老师的生活也很清苦，光靠薪水连自己都无法养活，更不用提养活一家老小了。所以很多先生都出去兼职，有的甚至要兼好几个职。一些教授的夫人也出去找零工或是卖小手工、小吃等赚点生活费。

闻一多先生子女较多，养家负担重。当时闻先生除了在中学兼教语文课，还利用自己擅长刻章治印的技能来赚钱养家。慕名来找闻先生刻章的人很多，因此勉强能维持家庭生活。

虽然生活条件很艰苦，但西南联大师生都是抱着爱国和救国的志向来教书和学习的，艰苦的条件并没有影响他们教书求学的劲头，反而激励他们为改变祖国贫穷落后的面貌而更加努力地求知，这是一笔宝贵的精神财富。

三、西南联大的学习

西南联大的专业思想教育方式很新颖，各系对入学新生并不是进行固定的专业思想教育，而是鼓励新生参加专业报告会或辩论会，启发他们对所学专业的兴趣和爱好。专题报告会后，会有自由讨论，学生可以自由地提出自己的看法和质疑，有时教授之间也会展开辩论。

西南联大实行学分制，学生选课比较自由，每名学生修满132个学分即可毕业。修学分以本专业课程为主，在修满本专业必修课程的基础上，剩余学分也可以通过修其他专业的课程获得。

西南联大对基础课的要求非常严格，没有补考制度，各科成绩有不及格的，就算是损失了这门课的学分，若是必修课，还得来年重修重考。有些系还规定，一年级学生所修各门课程虽然及格，但其中有一两门基础课，成绩达不到某个标准（70分或65分不等）就不能升读该系二年级。这种情况下，学生只有转系或来年重读，成绩达到标准时再升读该系二年级。

西南联大的许多教授，特别是一些著名教授对工作非常认真负责。当时，日本飞机空袭频繁，不少教授住在郊区，离学校很远。但是他们为了取得好的教学效果，从不为了省事少跑路，把一周的课在一天内上完，而是按每次一学时每周三次来校授课。有一段时期，日本飞机常常空袭昆明，白天无法正常上课。为了少耽误课程，有的教授利用躲避空袭的时间，在郊区的山沟里或山坡上的树林里给学生讲课。因为是战乱中匆忙南迁，西南联大的图书和试验设备都很匮乏简陋，但是很多教授在专业上造诣精深，上课时不带书本，也能凭借记忆出口成章，同时还能进行深入分析，启发学生探究思考。

在这种学习和教育环境中，西南联大在培养人才方面可说是成绩斐然。西南联大从1938年5月4日开始上课，到1946年5月4日举行结业典礼，历时8年，先后有在校学生约8 000人，其中正式毕业的约有2 500人，在抗战期间，投笔从戎或充当盟军译员的有1 000多人。1946年，抗战结束，学校北迁复员时，有1 600多人分别转入北大、清华、南开三校继续学习。西南联大培养的这几千名学生，大部分已成为我国教育、科技、文化、经济、政治等方面的专家、学者和领导干部，在我国经济社会建设中起着骨干作用。其中，涌现出两位诺贝尔奖获得者（杨振宁、李政道）、5位中国国家最高科技奖获得者、8位"两弹一星功勋奖章"获得者，170多位中国科学院院士和中国工程院院士，另外，还有大量不胜枚举的各领域专家、杰出人才，堪称教育史上的奇迹，保存和延续了中华文脉。

8年间，还有834位在抗日战争中牺牲的西南联大学生，他们的名字永久地刻在"西南联合大学纪念碑"（原碑立于昆明一二一大街，现位于云南师范大学校园内）上。

（资料来源：清华大学官方网站，有修改。）

花 潮

"春城无处不飞花"
——《花潮》赏析

◎李广田

【导读】

"天气常如二三月，花枝不断四时春""春城无处不飞花"，"春城"昆明因四季如春的气候优势，一年四季鲜花常在，花时不断，无论你何时来到昆明，都可以饱览美不胜收的各色鲜花。不用说昆明呈贡斗南花卉市场是亚洲最大的鲜切花交易市场之一、著名的花都，全国每10枝鲜切花中就有7枝产自这里，单说昆明各大公园几乎都栽培有自己的特色花卉，在不同的季节绽放出属于自己的美丽，爱花的昆明市民也会根据鲜花开放的节令去各大公园寻芳赏花。而每年春天去圆通山赏樱花，已成为老昆明人的保留节目了。

昆明圆通山动物园是一个包括动物展示、园林园艺、文化古迹和游乐项目的综合性公园。每年阳春三月，千株樱花、海棠竞相开放，灿若红霞，被誉为"圆通花潮"。至今在圆通花潮景区还立着一块石碑，镌刻着云南大学教授李广田先生1962年发表在《人民日报》上的散文《花潮》片段。

李广田先生毕业于北京大学，曾任教于济南中学、西南联大叙永分校、天津南开大学、清华大学等。1952年全国高校院系调整，他从清华大学调到云南大学，任过副校长、校长，直到1968年去世，在昆明住了16年。他熟悉昆明四季风物，写过不少有关昆明的诗文作品，其中最有名的就是这篇描写圆通山海棠花的散文《花潮》。

这篇散文运用对比、烘托、联想、夸张、比喻、拟人等多种修辞手法，形象刻画了海棠如云如雾、如海如潮的姿态，色彩瑰丽，场景壮阔，文字如行云流水，愉悦之情溢于纸页。学习本文，分析作者是如何多角度、多手法描绘海棠花的，体会作者笔端流露的赞美和喜悦之情，同时，了解昆明各地的花卉旅游资源。

昆明有个圆通寺。寺后就是圆通山。从前是一座荒山，现在是一个公园，就叫圆通公园。

公园在山上。有亭，有台，有池，有榭，有花，有树，有鸟，有兽。

后山沿路，有一大片海棠，平时枯枝瘦叶，并不惹人注意，一到三四月间，真是花团锦簇，变成一个花世界。

　　这几天天气特别好，花开得也正好，看花的人也就最多。"紫陌红尘拂面来，无人不道看花回"，办公室里，餐厅里，晚会上，道路上，经常听到有人问答："你去看海棠没有？""我去过了。"或者说："我正想去。"到了星期天，道路相逢，多争说圆通山海棠消息。一时之间，几乎形成一种空气，甚至是一种压力，一种诱惑，如果谁没有到圆通山看花，就好像是一大憾事，不得不挤点时间，去凑个热闹。

　　星期天，我们也去看花。不错，一路同去看花的人可多着哩。进了公园门，步步登山，接踵摩肩，人就更多了。向高处看，隔着密密层层的绿荫，只见一片红云，望不到边际，真是"寺门尚远花光来，漫天锦绣连云开"。这时候，什么苍松啊，翠柏啊，碧梧啊，修竹啊，……都挽不住游人。大家都一口气地攀到最高峰，淹没在海棠花的红海里。后山一条大路，两旁，四周，都是海棠。人们坐在花下，走在路上，既望不见花外的青天，也看不见花外还有别的世界。花开得正盛，来早了，还未开好，来晚了已经开败，"千朵万朵压枝低"，每棵树都炫耀自己的鼎盛时代，每一朵花都在微风中枝头上颤抖着说出自己的喜悦。"喷云吹雾花无数，一条锦绣游人路"，是的，是一条花巷，一条花街，上天下地都是花，可谓花天花地。可是，这些说法都不行，都不足以说出花的动态，"四厢花影怒于潮"，"四山花影下如潮"，还是"花潮"好。古人写诗真有他的，善于说出要害，说出花的气势。你不要乱跑，你静下来，你看那一望无际的花，"如钱塘潮夜澎湃"，有风，花在动，无风，花也潮水一般地动，在阳光照射下，每一个花瓣都有它自己的阴影，就仿佛多少波浪在大海上翻腾，你越看得出神，你就越感到这一片花潮正在向天空向四面八方伸张，好像有一种生命力在不断扩展。而且，你可以听到潮水的声音，谁知道呢，也许是花下的人语声，也许是花丛中蜜蜂嗡嗡声，也许什么地方有黄莺的歌声，还有什么地方送来看花人的琴声，歌声，笑声……，这一切交织在一起，再加上风声，天籁人籁，就如同海上午夜的潮声。大家都是来看花的，可是，这个花到底怎么看法？有人走累了，拣个最好的地方坐下来看，不一会，又感到这里不够好，也许别个地方更好吧，于是站起来，既依依不舍，又满怀向往，慢步移向别处去。多数人都在花下走来走去，这棵树下看看，好，那棵树下看看，也好，伫立在另一棵树下仔细端详一番，更好，看看，想想，再看看，再想想。有人很大方，只是驻足观赏；有人贪心重，伸手牵过一枝花来摇摇，或者干脆翘起鼻子一嗅，再嗅，甚至三嗅。"天公斗巧乃如此，令人一步千徘徊"。人们面对这绮丽的风光，真是徒唤奈何了。

老头儿们看花，一面看，一面自言自语，或者嘴里低吟着什么。老妈妈看花，扶着拐杖，牵着孙孙，很珍惜地折下一朵，簪在自己的发髻上。青年们穿得整整齐齐，干干净净，好像参加什么盛会，不少人已经穿上雪白的衬衫，有的甚至是绸衬衫，有的甚至已是短袖衬衫，好像夏天已经来到他们身上，东张张，西望望，既看花，又看人，洋气得很。青年妇女们，也都打扮得利利落落，很多人都穿着花衣花裙，好像要与花争妍，也有人擦了点胭脂，抹了点口红，显得很突出，可是，在这花世界里，又叫人感到无所谓了。很自然地想起了龚自珍《西郊落花歌》中说的，"如八万四千天女洗脸罢，齐向此地倾胭脂"，真也有点形容过分，反而没有真实感了。小学生们，系着漂亮的红领巾，带着弹弓来了，可是他们并没有射击，即便有鸟，也不射了，被这一片没头没脑的花惊呆了。画家们正调好了颜色对花写生，看花的人又围住了画花的，出神地看画家画花。喜欢照相的人，抱着相机跑来跑去，不知是照花，还是照人，是怕人遮了花，还是怕花遮了人，还是要选一个最好的镜头，使如花的人永远伴着最美的花。有人在花下喝茶，有人在花下弹琴，有人在花下下象棋，有人在花下打桥牌。昆明四季如春，四季有花，可是不管山茶也罢，报春也罢，梅花也罢，杜鹃也罢，都没有海棠这样幸运，有这么多人。这样热热闹闹地来访它，来赏它，这样兴致勃勃地来赶这个开花的季节。还有桃花什么的，目前也还开着，在这附近，就有几树碧桃正开，"猩红鹦绿天人姿，回首天桃恼失色"，显得冷冷落落地呆在一旁，并没有谁去理睬。在这圆通山头，可以看西山和滇池，可以看平林和原野，可是这时候，大家都在看花，什么也顾不得了。

看着看着，实在也有点疲乏，找个地方坐下来休息一下吧，哪里没有人？都是人。坐在一群看花人旁边，无意中听人家谈论，猜想他们大概是哪个学校的文学教师。他们正在吟诗谈诗：

一个吟道："泪眼问花花不语，乱红飞过秋千去。"

一个说："这个不好，哪来的这么些眼泪！"

另一个吟道："一片花飞减却春，风飘万点正愁人。"

又一个说："还是不好，虽然是诗圣的佳句，也不好。"

一个青年人抢过去说："'繁枝容易纷纷落，嫩蕊商量细细开'，也是杜诗，好不好？"

一个人回答："好的，好的，思想健康，说的是新陈代谢。"

一个人不等他说完就接上去："好是好，还不如龚定庵[1]的'落红不是无情物，化作春泥更护花'有辩证观点，乐观精神。"

有一个人一直不说话，人家问他，他说："天何言哉，四时兴焉，万物生焉，天何言哉。桃李无言，下自成蹊。你们看，海棠并没有说话，可是大家都被吸引来了。"

我也没有说话。想起泰山高处有人在悬崖上刻了四个大字："予欲无言"，其实也甚是多事。

回家的路上，还是听到很多人纷纷议论。

有人说："今年的花，比去年好，去年，比前年好，解放以前，谈不到。"

有人说："今天看花好，今夜睡梦好，明天工作好。"

有人说："明天作文课，给学生出题目，有了办法。"

有人说："最好早晨来看花，迎风带露的花，会更娇更美。"

有人说："雨天来看花更好，海棠著雨胭脂透，当然不是大雨滂沱，而是斜风细雨。"

有人说："也许月下来看花更好，将是花气氤氲。"

有人说："下星期再来看花，再不来就完了。"

有人说："不怕花落去，明年花更好。"

好一个"明年花更好"。我一面走着，一面听人家说着，自己也默念着这样两句话：

春光似海，

盛世如花。

一九六二年四月

（选自《中华散文百年精华》，丛培香、刘会军、陶良华选编，人民文学出版社，1999年3月第1版。）

【注释】

[1] 龚定庵，即龚自珍（1792—1841年），字瑟人，号定盦（一作定庵）。浙江仁和（今杭州）人。晚年居住在昆山羽琌山馆，又号羽琌山民。清代思想家、诗人、文学家和改良主义的先驱者。

【思考与练习】

1.本文开头和结尾用了较多笔墨写赏花人谈论花的话，请分别分析写这些内容所产生的艺术效果。

2.本文中引用了大量诗句，请查找这些诗句的出处和原作诗意，看作者是如何巧妙引用古诗词的，并分析引用古诗词的作用。

3.本文运用了多种修辞手法，形象刻画了海棠如云如雾、如海如潮的姿态。请举例分析。

4."春城无处不飞花"，昆明一年四季都有不同的鲜花盛开，你了解昆明在各个季节里都有哪些赏花打卡地吗？请上网搜集或实地走访，在班上作交流。

【知识链接】

昆明圆通动物园

圆通山位于昆明市中心，形如一片柳叶，东西长而南北窄，总面积约26公顷，是一个以展出动物为主的综合性公园。现有动物140多种，鸟类1 000多只。在这些珍禽异兽中，有云南特有的西双版纳野牛、勐腊虎、孔雀等动物，从中可窥云南这个"动物王国"之缩影。另外还有小熊猫、东北虎、丹顶鹤等我国的稀有动物，也有来自世界各地的珍贵动物。除此之外，圆通山花潮、古寺，也是公园两大亮点。

圆通山花木葱茏，种植有樱花、海棠花、梅花、茶花、桂花、桃花、杏花、兰花及松、柏、竹等花木，四季名花相继开放，争奇斗艳。自20世纪20年代起，圆通山就开始栽种樱花、海棠，如今已具较大规模，面积达18 000平方米，有云南樱花480余株，日本樱花200余株，垂丝海棠1 200余株。这些花木分布在高低错落的山麓之上，由樱花区和海棠区组成，连片成林，开花时花团锦簇，红白相映，灿若云霞，蔚为壮观。因为樱花和海棠的花期、花色较为接近，所以大家都习惯统称为樱花。每年春季赏樱花是昆明人的盛事，"圆通花潮"也成为昆明胜景之一。著名散文家李广田先生于1962年发表在《人民日报》上的散文名篇《花潮》，留下了"春光似海，盛世如花"的名句，使"圆通花潮"更加享誉海内外。

圆通寺坐落在圆通山南，前临圆通街，后接螺峰山南麓的悬崖陡壁。寺院布局严谨对称，主体突出，是昆明最古老的佛教寺院之一，亦是昆明城区内最大的佛寺。其建筑风格集唐代建筑之精华，坊表壮丽，殿宇巍峨，别具一格。寺内有一座四方大水池。池中有一岛，岛上有清初所建的两层八角亭阁，前后两桥相连，殿厅亭阁，布局雅致。亭内名帖佳画布满壁间。过亭北接引石桥，是富丽堂皇的圆通宝殿。大殿正中内柱上，彩塑两条盘龙，龙头伸向释迦牟尼佛，作聆听佛祖读经状，颇为生动，在中国佛寺中属上乘泥塑作品，工艺高超。寺内还有一座上座部佛教佛殿——铜佛殿，收藏泰王国佛教界赠送的铜制释迦牟尼跌坐像（高3.5米，重4吨），与圆通宝殿的释迦牟尼塑像，形态各异，显示了佛教大乘佛教和小乘佛教两大教派的差异，令人大开眼界。

（资料来源：百度百科，有修改。）

1.6亿年中的三个环节

◎费 宣

【导读】

位于云南省玉溪市的澄江，距离省会昆明只有几十公里，这里有全国第二深的淡水湖——抚仙湖，湖泊四周环绕着绵延的群山，东北角的一座帽子形状突出的山峰格外引人注目，被当地人称为"帽天山"。《澄江县地名志》记载："帽天山，位于新村乡的西北面，海拔2 026米，因山形如同草帽，远眺像顶着天一样，故名。"这座小小的山峰如今成为国际古生物学界瞩目的一个地方，这主要源于20世纪80年代在这里出土的一项古生物重大发现——澄江帽天山动物化石群。

费宣是地质学专家，毕生从事云南地质矿产钻研和管理工作，退休后他把地矿工作者不断探索、不断超越的精神和人生态度带到探险游历活动中，著有《云南地质之旅》。

本文用朴素通俗的语言介绍了世界上三次寒武纪生物化石的重大发现，揭示了澄江帽天山动物化石群的发现的重大意义和价值，把原本生僻难懂的古生物学知识介绍得绘声绘色，生动有趣。

学习本文，了解文章主要内容，可理解澄江帽天山动物化石群的发现的重大意义和价值，激发探索自然科学和地球生命起源的兴趣。

在澄江发现了寒武纪生命大爆发的各种化石以前，世界上已经有过两次对寒武纪生物化石的重要发现。

1909年，在加拿大布尔吉斯的沉积页岩中，人们发现了一组动物群化石，他们除有壳的三叶虫和海绵动物以外，还有100多种保存得十分完整的无脊椎动物化石：有的像环节动物，有的像水母、海葵那样的腔肠动物，也有像海参那样的棘皮动物……这些动物大多数应该是生活在深海里。经测定，他们生活的年代大约在距今5.1亿年，比澄江动物群晚2 000万年。

后来，美国科学家维尔卡特把这些动物称为"布尔吉斯生物群"。"布尔吉斯生物群"给了当时科学界极大的震撼，它使科学家第一次清楚地认识到，在寒武纪海洋中，具有像三叶虫一样的骨骼化的动物仅仅占少数，而绝大多数是不易保存化石遗迹的软躯体动物，这些软躯体动物的门类还非常多。这就说明：人们原来以为寒武纪只有三叶虫等少数硬体动物的认识是片面的。一时间，加拿大布尔吉斯成为全世界古生物学者关注的圣地。

1947年，在澳大利亚南部的埃迪卡拉，又发现了大量的史前无壳动物化石，他们以腔肠动物门的水母类为主，还有环节动物和其他软体动物。地质学家们采集到了几千块化石，在对这些化石进行深入细致的研究后发现：在这些化石记录中，有的是圆形的压印，同现代水母相似；有的是柄状的印痕，与现代的海鳃相似，也是一种腔肠动物；有像细长蠕虫那样的化石印痕；更有一块化石，记录的是一个像马蹄形的头和大约40个完全相同的体节，与现代的环节动物相似；还有一块化石上的动物，呈椭圆形，头部像盾形，身体有T形纹道，样子奇怪，像节肢动物。这些动物同现在已知的任何一种生物都不相似。经过测定，在埃迪卡拉所发现的化石的动物们，它们生存的年代距今约6.7亿年，比加拿大布尔吉斯的动物群早1.6亿年，比澄江动物群早1.4亿年，应该是地球上出现最早的海洋动物群。在1974年召开的国际地质科学联合会巴黎会议上，地质学家们一致肯定埃迪卡拉动物群生活的年代为前寒武纪晚期，这是目前已发现的地球上最古老的后生动物化石群之一。因此，埃迪卡拉动物群一直就被作为前寒武纪生物演化的标志。有的地质学家还把埃迪卡拉动物群生活的年代定为一个专门的地质年代，叫作"埃迪卡拉纪"。

但是，澳大利亚埃迪卡拉动物群和加拿大布尔吉斯动物群，一个生活在寒武纪之前，一个生活在寒武纪的早期，两个动物群所显示的年代中间有1.6亿年漫长的时期间隔，动物是怎样演化的不明确，它们之间的演化关系更不清楚。

直到1984年，澄江帽天山动物化石群的发现，填补了澳大利亚埃迪卡拉、加拿大布尔吉斯两个动物群生活时代之间的空白。三个地方的发现，像链条一样，把寒武纪时期和寒武纪以前动物的进化过程连接起来，让我们如实看到了距今5.3亿年前动物进化的真实面貌。所以，澄江帽天山动物化石群是三个链条中间重要的一环。

寒武纪已经发现的动物化石有2 500多种，可实际上，在那个时候，海洋中生活着的动物肯定不止2 500种。在澄江帽天山发现的动物化石群，由于保存完整，门类众多，分布广泛，比加拿大布尔吉斯动物化石群更全面、更清楚地展示了地球成长历史从39岁到大约41岁时的动物成长状况。而且，借助澄江帽天山发现的动物化石群，还可以了解到那个时候大气、岩石、海洋等方面的状况。所以，澄江帽天山的动物化石群被誉为世界古生物之最，与澳大利亚埃迪卡拉动物群、加拿大布尔吉斯动物群一起，被世界古生物学界列为地球早期生命起源和演化实例的三大奇迹。

澄江帽天山的动物化石群还告诉我们，许多生物造型远在布尔吉斯动物群之前的前寒武纪时候就出现了。而且，一些动物门类在1.6亿年的漫长时间里，演化过程中是连接的，它们经过了埃迪卡拉—澄江帽天山—布尔吉斯时期，继续向历史的进程演化。特别是在澄江帽天山—布尔吉斯两个阶段，最大的演化现象是产生了带壳的动物，从而进化了许多新的门类。澄江帽天山动物化石群的发现显示，各种各样的动物在这个"寒武纪生命大爆发"的时期迅速起源，立即出现。现在生活在地球上的各个动物门类的祖先们，几乎都"同时"出现在前寒武纪的海洋里，而不是经过长时间的演化前前后后慢慢变来的。这一发现，将动物多样性的历史前推到了寒武纪早期，标志着原始的生命形态在经过30多亿年的准备之后，积累的生命能量和无穷的创造力已经喷薄而出。生命演化的历史从寒武纪开始，翻开了全新的篇章。

距离云南大约14 000千米、位于北纬78°的挪威斯匹次卑尔根群岛，当地的地质图上显示，斯匹次卑尔根群岛的地层大部分和云南相似，出露着从寒武系到二叠系的连续剖面。自然，那里也生活过和云南地质历史时期相同的生物。

三个地方发现的动物群生活时代接近，形成化石的地层也相似，说明那个时候它们的生活环境是一体的，或者说这三个地方靠得很近，不像现在隔得这样遥远。但是在寒武纪前后这1.6亿年的历史长河中，三个时期不同阶段的动物演化并不是完全连续的，他们中的大部分种类并没有相互继承的关系，有的动物种类灭绝了，更多的动物种类又产生了。地球的表面也不断地变化着，地壳慢慢地变厚，陆地冒出了水面，又沉入了海洋。地球的变化实在神奇，到现在"人"能够了解的，也只是大概的情况，更多的未知，还有待于我们继续去探索。

（选自《云南地质之旅》，费宣著，云南科技出版社，2016年9月第1版。）

【思考与练习】

1."澄江帽天山动物化石群是三个链条中间重要的一环",结合课文内容,请用通俗易懂的语言解释这句话的含义。

2.上网查资料,了解地球生命起源和发展的过程。结合课文内容,向同学介绍什么是"寒武纪生命大爆发"。

3.实地走访澄江化石地自然博物馆,按照博物馆的参观游览顺序,写一篇导游词。

【知识链接】

视频:美丽云南|二十世纪最惊人的科学发现——美物:玉溪·澄江化石地。(视频来源:云南省文化和旅游厅官方网站。)

阿诗玛（节选）

◎彝族撒尼人叙事长诗

【导读】

　　《阿诗玛》是流传在石林圭山撒尼人民中的彝族叙事长诗，长诗讲述了财主热布巴拉倚仗权势，强抢美丽的姑娘阿诗玛。阿诗玛的哥哥阿黑为营救妹妹，与热布巴拉进行了种种较量，并取胜，迫使热布巴拉放回阿诗玛。在兄妹俩回家的路上，不甘心的热布巴拉纵容岩神放水淹死阿诗玛，最后阿诗玛变成了回声。后来只要撒尼人呼唤阿诗玛的名字，山谷里就会回荡起阿诗玛的回音。"阿诗玛"彝语含义是"金子般美丽的姑娘"，象征彝族撒尼人追求真善美的民族性格，长诗形象生动地表现了彝族人民对美好生活的向往和不惧强暴勇于反抗的英雄气概。1954年长诗被整理成汉文字出版，后又被拍成同名电影，产生了广泛影响。被译成英、德、俄、日等多种译本，堪称世界文学宝库中的珍宝。

　　阅读这首诗歌，从主人公阿诗玛和阿黑这两位性格鲜明的人物身上，感受撒尼人民热爱生活、追求自由幸福、勇于与强暴作斗争的坚强意志，以及人物单纯、善良、美好的性格；欣赏民间诗歌善用比喻、起兴、对比、夸张等写作手法，有浓郁的生活气息和生动形象的艺术特色。

第十三章　回声

马铃响来玉鸟叫，
兄妹二人回家乡，
远远离开热布巴拉家，
从此爹妈不忧伤。

松树尖上蜜蜂不停留，
松树根下蜜蜂嗡嗡叫，
远远离开热布巴拉家，
从此爹娘眯眯笑。

哥哥吹笛子，
妹妹弹口弦，

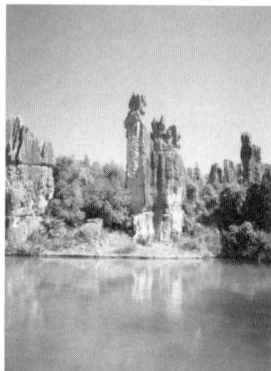

哥哥说话妹高兴，
妹妹说话哥喜欢。

阿黑说："哥哥像一顶帽子，
保护妹妹，盖在妹头上。"
妹妹说："妹妹像一朵菌子，
生在哥哥大树旁。"

满天起黑云，
雷声震天裂，
急风催骤雨，
大雨向下泼。

走到十二崖子脚，
小河顷刻变大河，
不尽洪水滚滚来，
兄妹二人不能过。

哥哥走在前，
妹妹过不了河；
妹妹走在前，
哥哥过不了河。

哥哥拉着妹子，
妹妹拉着哥哥，
阿诗玛说：
"不管，我们一起过。"

兄妹两人啊，
不管小河还是大河，
不管水浅还是水深，

都要一起过。
洪水滚滚来，
河上起大波，
可爱的阿诗玛，
卷进了大漩涡。

雨声响嘀嘀，
河水响嘀嘀，
好像妹妹喊哥哥：
"阿黑哥呀赶快来救我！"

阿黑在洪水里挣扎，
阿黑找不到阿诗玛，
他在风雨中大声呼喊：
"阿诗玛！阿诗玛！阿诗玛！"

风不住地吹，
雨不住地下，
河水声中好像有人喊：
"阿黑哥呀赶快来救我！"

天慢慢放晴了，
大河又变成了小河，
阿黑焦急地高声喊：
"阿诗玛！阿诗玛！阿诗玛！"

十二崖子顶，
有人来回答，
同样的声音：
"阿诗玛！阿诗玛！阿诗玛！"

天生老石崖，
石崖天样大，
天空放红光，
石崖映彩霞。

十二崖子上，
站着一个好姑娘，
她是天空一朵花，
她是可爱的阿诗玛。

可爱的阿诗玛呵，
耳环亮堂堂，
银镯戴手上，
眼睛放亮光。

"勇敢的阿黑哥呵，
天造老石崖，
石崖四角方，
这里就是我的住房。

"日灭我不灭，
云散我不散，
我的灵魂永不散，
我的声音永不灭。

"从今以后，
我们不能同住一家，
但还是同住一乡，
同住一块地方。

"勇敢的阿黑哥呵,
每天吃饭的时候,
盛着金黄色的玉米饭,
你在山下叫我,
我就在山顶上回答。

"告诉亲爹妈,
每天做活的时候,
不管天晴还是下雨,
不管放羊还是犁地,
不管挑水还是煮饭,
不管绣花还是织麻,
你们来叫我,
我就应声回答。

"告诉我的小伴,
每次出去玩耍,
不论端午还是中秋,
不论是六月二十四还是三月初三[1],
吹着清脆的笛子,
弹着悦耳的三弦,
你们来叫我,
我就应声回答。"

从此以后,
阿诗玛变成了回声,
你怎样喊她,
她就怎样回应。

每天吃饭的时候，
阿黑盛着玉米饭，
对着石崖喊：
"阿诗玛，阿诗玛。"

石崖那边，
阿诗玛住的地方，
也照样回答：
"阿诗玛，阿诗玛。"

爹妈出去做活的时候，
对着石崖喊：
"爹妈的好囡呀，
好囡阿诗玛！"

对面，同样的声音，
回答亲爹妈：
"爹妈的好囡呀，
好囡阿诗玛！"

小伴们出去玩耍，
都要来邀阿诗玛，
他们对着石崖呼唤：
"阿诗玛，阿诗玛！"
对面石崖上，
也传来同样的声音：
"阿诗玛，阿诗玛！"
阿诗玛的呼声遍山林。

（选自《阿诗玛》，黄铁等整理，云南人民出版社，2009年4月第1版。）

【注释】

[1] 6月24日是撒尼人最重大的节日——火把节。6月24日前后三天，撒尼人在山野中举行盛大的斗牛和抬跤（摔跤）大会，会后，青年男女即在山野中尽情欢乐、谈情说爱，一直到深夜。三月初三主要是青年的节日，每逢这一天，石林附近几县的撒尼青年，都穿着崭新的衣裳到老圭山聚会，这是青年人找寻爱人的好机会。

【思考与练习】

1. 了解《阿诗玛》这首长诗的内容，讲给班上的同学听。

2. 比兴是我国民歌中常见的修辞手法，了解其艺术特点，并从诗中找出相应的例子进行说明。

3. 长诗《阿诗玛》的主要成就，在于成功地塑造了主人公阿诗玛和阿黑这两个性格鲜明、光彩照人的艺术形象。结合诗歌中的具体人物描写，分析人物身上有哪些闪光品质？

4. 长诗《阿诗玛》的故事流传在石林圭山撒尼人民中，上网查资料，了解撒尼人的基本情况和节庆民俗，与班上的同学分享。

实践活动

来自古滇国的呼唤

——云南省博物馆古滇国文物解说交流会

【活动目的】

1.了解云南省博物馆"文明之光"（青铜器时期的云南）部分文物的基本情况和艺术价值，增加相关知识的积累。

2.能结合图片，用简洁流畅的语言解说古滇国时期代表性文物，提高当众解说的口语表达能力。

【活动流程和要求】

一、活动准备

1.组建小组，制订小组解说文物主题和活动计划，明确小组成员分工。

2.搜集相关文物资料，有条件的可实地走访云南省博物馆，获取图片和文字资料。

3.制作配套PPT，图文并茂，突出讲解要点。

4.撰写解说文稿并进行预演，准备参加讲解交流会。

5.推荐或选举交流会主持人2~3人，主持人做好相关准备工作：了解各小组选择文物主题，对重复提出的文物主题进行调整，安排各小组解说顺序，布置交流会会场，准备主持词和各部分串词。

二、活动流程和内容

1.主持人致开篇词，宣布交流会出场顺序。

2.各小组按顺序依次解说古滇国时期文物。

3.主持人组织全班同学投票，选出最佳团队、最佳PPT和最佳解说员。

4.教师总结点评，给出指导性意见。

三、成果展示

1.进一步打造文物解说精品，创造条件到省博物馆实地录制文物解说视频。

2.向云南省博物馆、校园网站和网络教学平台推荐学生创作的优秀解说文稿和文物解说视频。

【活动资源】

云南省博物馆官方网站。

【个人总结评价】

个人总结评价表

指标		分值	要素	得分
态度	参与程度	10分	主动积极并全程参与	
	合作意识	10分	能与组员合作完成任务	
过程	活动准备	20分	主动提出建议和设想，完成所分配的准备任务	
	实践体验	20分	积极参与PPT制作、文稿撰写、解说等活动，全程认真聆听	
收获	应用能力	25分	锻炼和提高收集整理资料、制作PPT、撰写讲解词和当众解说的能力	
	人文素养	15分	积累相关知识，深入了解古滇国历史和文物概况	
总分				
等级	优秀		良好	一般
总结				

滇中旅游精品线路

滇中"大昆明国际旅游区"包括昆明市、玉溪市及楚雄彝族自治州。

线路一：滇中历史人文自驾游

具体线路：昆明翠湖周边历史文化片区—阳宗海—澄江化石地自然博物馆—玉溪市—禄丰市—元谋县。

线路简介：该线路主要展示滇中主要的历史文化，包括翠湖周边的历史文化、阳宗海的历史文化、澄江化石地的历史文化、玉溪的历史文化、禄丰的恐龙文化、元谋人的历史文化。

昆明翠湖周边历史文化片区：翠湖曾被汪曾祺先生称为"昆明的眼睛"，"一池翠湖水，半部昆明史"。翠湖周边集聚了众多历史文化旅游资源，有云南陆军讲武堂博物馆、中共云南地下党建党旧址、国立西南联合大学旧址、国立西南联合大学纪念碑、潘琰学堂、"一二·一"运动四烈士墓、闻一多先生红烛文化艺术走廊、李公朴殉难处、抗战胜利纪念堂、聂耳故居、昆明朱德旧居纪念馆、云南起义纪念馆、云南解放纪念馆等。

阳宗海：阳宗海风景名胜区地跨宜良、澄江、呈贡之间，拥有悠久的历史，其区域内的天然淡水湖泊——阳宗海是云南九大高原湖泊之一，素有"明湖澄碧、高原明珠"之称。阳宗海镇桃李村可以欣赏到有"中国戏剧活化石"之称的关索戏，关索戏是正面歌颂三国时期蜀国英雄人物的"傩戏"，被批准列入第三批国家级非物质文化遗产名录。经常演唱的剧目有《古城会》《战长沙》《长坂坡》《过五关斩六将》《三请孔明》《三战吕布》等剧目。

澄江化石地自然博物馆：澄江化石地是中国首个、亚洲唯一的化石类世界遗产，是保存澄江生物群化石的核心区域。澄江生物群自1984年7月1日被侯先光教授发现以来，已发现了20个门类、280余种寒武纪珍稀动植物化石，且80%属于新种，几乎所有现生动物门类的祖先都能在这里找到，被国际科学界誉为"古生物圣地"、"世界级的化石宝库"、20世纪最惊人的科学发现之一。

玉溪市：玉溪为聂耳的故乡。聂耳，玉溪人，中华人民共和国国歌的曲作者，中国新音乐的开拓者、奠基人，被称为"人民的音乐家"。

禄丰市：因发现世界最大规模的禄丰恐龙化石和腊玛古猿化石，禄丰被学术界誉为"恐龙之乡""化石之仓"和"天然的自然博物馆"。

禄丰世界恐龙谷位于禄丰市境内，是国内集科普科考与观光娱乐于一体的科普旅游基地和恐龙文化旅游主题公园，是中国最大的"侏罗纪公园"。禄丰迄今已出土恐龙化石130多具，生存年代纵跨三叠纪、侏罗纪、白垩纪三个时代，且草食性、肉食性恐龙同处一地，这在世界上是独一无二的。黑井镇位于禄丰市西北65千米的龙川江畔，汉唐时期这里以产贡盐而闻名于世。云南产盐不多，黑井是大理国仅有的9个盐井之一。黑井古镇被誉为"失落的盐都、明清建筑的活化石"。

元谋县：位于元谋县大那乌村北约500米山腰的元谋人遗址，是迄今为止所发现的中国人最早的老祖先的遗址。1965年地质部地质力学研究所研究人员在大那乌村东200米的冲沟处，发现两颗猿人牙齿化石，同属一男性成年个体，经测定，距今约170万年，是目前我国最早的人类牙齿化石之一。

线路二："昆明—东川红土地"昆明驴友摄影游

具体线路：水坪子梯田景点（月亮梯田）—松毛棚的落霞沟景点—花沟的千年龙树景点—红土地大观—"T"字路口分叉点—"T"字路口分叉点右行：七彩坡—锦绣园—打马坎；"T"字路口分叉点左行：乐普凹—螺蛳湾和瓦房梁子。

线路简介：该线路主要展示东川红土地的最佳摄影地点。

东川红土地：地处乌蒙山区，属高原山区地貌。此地山岭纵横交错，山峦起伏不平，红土丘陵一望无际，加之季风影响，形成了气候温和、干湿分明的高原季风型气候。到东川红土地摄影最好的季节是9—12月，这个季节油菜、土豆、荞麦正在陆续收获，冬小麦正在发芽拔节，还有路旁、村子旁、树林里的杨树黄了，漆树红了；其次是1—2月，这时小麦生长正旺，月亮田里放满了水；还有就是5—6月，油菜花开了，麦子成熟了。这些季节都是色彩丰富的季节。

延伸阅读

滇中旅游名胜楹联、诗词及题词

昆明西山华亭寺联（一）

[明] 杨　慎

一水抱城西，烟霭有无，拄杖僧归苍茫外；

群峰朝阁下，雨晴浓淡，倚栏人在画图中。

昆明西山华亭寺联（二）

[清] 钱　沣

青山之高，绿水之长，岂必佛方开口笑；

徐行不困，稳地不跌，何妨人自纵心游。

昆明西山三清阁联（一）

佚　名

置身须向极高处，

举首还多在上人。

昆明西山三清阁联（二）

佚　名

极目太华高，偌大乾坤撑半壁；

荡胸滇海阔；无边风月倚层楼。

昆明西山龙门联

佚　名

举步艰危，要把脚跟立稳；

置身霄汉，更宜心境放平。

昆明黑龙潭联

[清] 硕 庆

两树梅花一潭水，

四时烟雨半山云。

昆明金殿联

佚 名

帝道满三千，上谷龙飞，无双玉宇无双地；

天台高百尺，东林竹舞，一半青山一半云。

昆明翠湖联

佚 名

此即濠间，非我非鱼皆乐境；

偶来亭畔，在山在水有遗音。

昆明筇竹寺联

[清] 舒 藻

地产灵山，白象呈祥，青狮献瑞；

天开胜境，犀牛表异，筇竹传奇。

昆明圆通寺联

[清] 李 传

水声琴韵古，

山色画图新。

滇海曲十二首

[明] 杨 慎

梁王阁榭水中央，乌鹊双星带五潢。跨海虹桥三十里，广寒宫殿夜飘香。

碧鸡金马古梁州，铜柱铁桥天际头。试问平滇功第一，逢人惟说颍川侯。

化城楼阁壮人寰，泽国封疆镇两关。云气开成银色界，天工斫出点苍山。

叶榆巨浸环三岛，益部雄都控百蛮。神禹导河双洱水，武侯征路七星关。

沙金海贝出西荒。桃竹橦华贡上方。香象渡河来佛子，白狼槃木拜夷王。

碉房草阁瞰夷庭，侧岛悬崖控绝陉。鸡足已穷章亥步，鹫头空入梵王经。

孤戍平沙望大荒，边愁海思入沧茫。帝乡东北仙云隔，僰道西南媚景长。

昆明池水三百里，汀花海藻十洲连。使者乘槎曾不到，空劳武帝御楼船。

湖荡鱼虾晨积场，市桥灯火夜交光。油窗洞户吴商肆，罗帕封颐僰妇妆。

蘋香波暖泛云津，渔柂樵歌曲水滨。天气常如二三月，花枝不断四时春。

煮海醝郎暝漉沙，避风估客夜乘槎。雪浮粳稻压春酒，霞嚼槟榔呼早茶。

海滨龙市趁春畬，江曲鱼村弄晚霞。孔雀行穿鹦鹉树，锦莺飞啄杜鹃花。

游黑龙潭看唐梅二律（选一）

[清] 阮　元

千岁梅花千尺潭，春风先到彩云南。

香吹蒙凤龟兹笛，影伴天龙石佛龛。

玉斧曾遭图外划，骊珠常向水中探。

祇嗟李杜无题句，不与逋仙季迪谈。

赠吴道人二首（选一）

[清] 那文凤

万钻千锤显巨才，悬崖陡处辟仙台。

何须佛洞天生就，直赛龙门禹凿开。

紫竹荫书心里出，慈云霭露掌中来。

昆池恰似观南海，不负当年梦几回。

石林（并序）

[清] 何彤云

陆凉道中有石，高下卓立，大者数十尺，小者丈许，弥望成林，疏密有致，奇观也。余往来过之，辄为流连，因为四韵。

入望忽森森，苍然石气深。

插天青玉笏，堕地碧瑶簪。

长讶谭千尺，低犹笋一寻。

不逢元镇画，狮子独名林。

"群峰壁立，千嶂叠翠"——石林景区朱德题词。

"天下第一奇观""天造奇观"——石林景区"石林胜景"处题词。

"气骨云根，至性存存，南天掮柱，持重无言"——石林景区陆崇仁题词。

"无欲则刚"——石林景区"且住为佳"处题词。

第二板块　滇西北景点文学

雪山诗二首

雪山诗二首　　玉龙雪山介绍

【导读】

　　丽江玉龙雪山作为国家级风景名胜区、国家AAAAA级旅游景区，是北半球最南端的大雪山，以险、奇、美、秀著称于世，是云南旅游的一张亮丽名片，每年吸引了来自海内外的大量游客。这里终年积雪，雪山山体高耸，横亘排列的十三座山峰如一条矫健的玉龙横卧山巅，有一跃而入金沙江之势，故名"玉龙雪山"。早在唐代，玉龙雪山就被南诏国封为"北岳"，引来众多文人讴歌，迄今流传最早的一首，是元代云南宣慰副使、河间人李京的《雪山歌》。而"玉龙雪山"之名源于明嘉靖时丽江土知府木公的《拜和巽隐大中丞望雪山诗》："云表玉龙长露角，雪边银凤乍飞翰。"此诗最早以"玉龙"比拟丽江雪山，玉龙雪山之名才开始传扬于世。

　　《雪山歌》为元代诗人李京担任乌撒乌蒙道（今云南昭通一带）宣慰副使时所作，诗歌用对比的手法，将玉龙雪山与五岳中的衡山、华山相比较，赞美玉龙雪山高可摩天、大气磅礴的雄壮之美。《题雪山》的作者是世守丽江的木氏土知府木公，木公自幼热爱汉文化，

四处寻师访友，与云南多位文人结为诗文之友，一生留下了 1 400 多首诗。这首诗从雪山高峻、皎洁的特征入手，表现其雄奇、壮丽之美，字里行间流露出对玉龙雪山的崇敬和热爱之情。学习这两首诗歌，注意对比两首诗在写作角度、写作方法和思想感情等方面的异同。

让我们跟随李京和木公的视角去领略玉龙雪山雄奇壮观的景象吧。

雪山[1]歌

[元] 李　京

丽江雪山天下绝，积玉堆琼几千叠。

足盘厚地背摩天，衡华真成两丘垤[2]。

平生爱作子长[3]游，揽胜探奇不少休。

安得乘风临绝顶，倒骑箕尾[4]看神州。

（选自《万历云南通志·卷四》，邹应龙修，李元阳纂。）

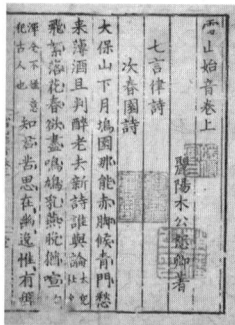

题雪山

[明] 木　公

郡北[5]无双岳，南滇第一峰。

四时光皎洁，万古势龙从。

绝顶星河转，危巅日月通。

寒威千里望，玉立雪山崇。

（选自《雪山诗选》，杨慎选，赵藩批校。）

《雪山始音》

【注释】

[1] 雪山，这里与《题雪山》中的"雪山"均指玉龙雪山。

[2] 衡华，指南岳衡山、西岳华山。丘垤（dié），指小山丘、小土堆。

[3] 子长，即西汉史学家司马迁，司马迁字子长，他少年时漫游各地，了解风俗、采集传闻。李京用司马迁的典故，表达自己要学司马迁"揽胜探奇不少休"。

[4] 骑箕尾，也作"骑箕翼""骑箕"，箕、翼皆星宿名。

[5] 郡北，蜀汉时期，诸葛亮平定西南，设置云南郡，郡治云南县（今云南省大理白族自治州祥云县），辖7个县，其中遂久县就是现在永胜、丽江所在地。

【思考与练习】

1.《雪山歌》运用了哪些写作手法？达到了怎样的艺术效果？结合诗句作具体分析。

2.《题雪山》中诗人从哪些角度来写玉龙雪山？写出了玉龙雪山的哪些特征？

3.对比阅读这两首诗，分析两首诗在写作角度、写作方法和表达思想感情等方面的异同。

4.玉龙雪山是如此的雄奇壮美，但随着近年来旅游开发的推进和人类活动的拓展，玉龙雪山也面临物种减少、冰川退缩等危机。作为一名游客或一名旅游从业者，你对保护玉龙雪山生态环境方面有什么好的建议？

【知识链接】

1.

雪　山

[明] 木　靖

边关一窦隔巑岏[1]，固守提封去路难。

玉垒千年存古雪，金沙万里走波澜。

舆图虽尽天犹广，月令无凭夏亦寒。

磅礴远足精白意，忽从日下见长安。

[1] 巑岏：读 cuán wán，形容山高锐貌。

2.玉龙雪山，位于中国云南省丽江古城北约15千米处，呈南北走向，东西宽约25千米，南北长约35千米，景区面积415平方千米。与哈巴雪山对峙，汹涌澎湃的金沙江奔腾其间。主峰扇子陡，海拔5 596米，是世界上北半球纬度最低、海拔最高的山峰。这里终年积雪，雪山山体高耸，横亘排列的十三座山峰如一条矫健的玉龙横卧山巅，有一跃而入金沙江之势，故名"玉龙雪山"。玉龙雪山在纳西语中被称为"欧鲁"，意为银色的山岩，或"波石欧鲁"，意为"白沙的银色山岩"。又因其岩性主要为石灰岩与玄武岩，黑白分明，所以又称为"黑白雪山"。

泛洱水   洱海介绍

泛洱水[1]

◎ [明] 李元阳

【导读】

说起古代的旅行家，大家第一时间想到的人也许是明代旅行家徐霞客。其实古代的旅行家不只徐霞客一位，云南大理人李元阳也是一位很喜欢出游的文人。

李元阳，白族，明代著名的文学家、理学家，被誉为云南"理学巨儒"。他曾经在福建、湖北等地做官，中年时因"丁忧"而辞官回大理。从此，李元阳醉心山水，看遍云南美景，结交知己良朋。李元阳和大才子杨慎交情颇深，多次结伴出游，在流连美景时，写下了众多诗词对联，比如在剑川石宝山留下了"石鳞风动甲，苔鬣水浮香"的名联。李元阳性情幽雅，喜爱自然山水，其《江楼》诗云："独坐无人处，烟光江上楼。波纹风更细，莺语柳初稠。绿野残阳在，江明片雨收。登临何须赋，把酒看风流。"他的山水诗风格清新雅致，意境清幽，词旨隽永。李元阳对故乡大理情感深厚，写了很多吟咏大理山水的诗歌，他笔下的洱海分外迷人。

《泛洱水》描写了作者泛舟洱海的见闻和感受，展现了春天清晨的洱海风平浪静、澄澈浩渺的美景。作者回忆洱海地区英雄辈出的历史，流露出恬淡洒脱的"自适"之意，将洱海美景与千秋天地感怀融合，令人回味无穷。

柳青春已半，晓日初曈昽[2]。

洱波三万顷，轻舟泛长风。

琉璃泻万古，灏气[3]开鸿蒙。

风恬水无波，一镜涵虚空。

澄明万象丽，照耀金银宫。

中流棹讴[4]发，心与境俱融。

雪岭玉嶙峋，影摇尊酒中。

明君迈[5]三五[6]，贤哲登三公[7]。

迂疏[8]得自适，海窟寻渔翁。

东风吹岸花，蒲帆逗芳丛。

手绾[9]碧树枝，目送高飞鸿。

忆昔此水涯，建立多英雄。

浩歌一洒泪，天地无终穷。

（选自《李元阳集：诗词卷》，李元阳著，云南大学出版社，2008年12月第1版。）

【注释】

[1] 洱水，指洱海。

[2] 曈昽（tóng lóng），指日初出时由暗渐明的样子，也指代旭日。

[3] 灏气，指弥漫在天地间之气，或指正大刚直之气。

[4] 棹讴（zhào ōu），指摇桨行船所唱之歌。

[5] 迈，超过。

[6] 三五，指三皇五帝，即远古三皇和远古五方上帝。具体所指有不同说法。

[7] 三公，古代中央朝廷三种最高官衔的合称。不同朝代所指官职不同。

[8] 迂疏，指迂远疏阔。

[9] 绾（wǎn），指挽、牵。

【思考与练习】

1.朗读诗歌，说说在作者笔下的洱海，呈现出一番怎样的景象？

2.本诗中有"明君迈三五，贤哲登三公"的诗句，唐代诗人高适《别韦参军》一诗中也出现了"举头望君门，屈指取公卿。国风冲融迈三五，朝廷欢乐弥寰宇"的类似诗句，对比这两首诗，说说两位诗人在这几句诗里所表达的含义是否一致？

3.结合具体诗句，分析本诗所运用的写作手法。

4.请概括全诗所抒发的思想感情。

【知识链接】

龙关歌（其三）

[明] 杨　慎

双洱烟波似五津，渔灯点点水粼粼。

月中对影遥传酒，树里闻歌不见人。

泛西洱河

[明] 邓　渼

觞豆笙歌载两头，春风徐漾木兰舟。

鱼龙徙族闻中夜，蒲柳分行辨四洲。

弓月全临堤影出，莲峰遥学浪花浮。

清尊满泛空明月，宛在蒹葭白露秋。

消失的地平线（节选）

◎ [英] 詹姆斯·希尔顿

【导读】

　　"香格里拉"一词来源于迪庆地区藏语，意为"老朋友您来了"，也引申为"通往圣洁之地""心中的菩萨"之意。英语中也有"香格里拉"（"Shangri-la"）一词，意为"世外桃源"，这个英语词汇就来源于英国小说家詹姆斯·希尔顿创作于1933年的小说《消失的地平线》（*Lost Horizon*）。小说讲述了这样一个故事：主人公英国外交官康维为躲避当时印度革命风暴，与另外三个人乘上一架用于撤离的小飞机，准备取道回国。途中发生意外，飞机被劫持，加上燃油耗尽，最后迫降在一个处于崇山峻岭中与世隔绝的陌生世界。在绝望之时，当地的藏族人帮助了他们，把他们带回家安顿。当他们安定下来才发现这是一个雪山环抱、景色迷人、草美羊肥、阳光明媚、空气清新、民风淳朴的所在。在当地人的帮助下，这些人最终踏上归途。当他们再想回来看看时，却发现无法找回原路了。所以书中被称为"香格里拉"的这个地方也就成为只存在于梦想中的世外桃源。作者通过描写这样一个远离战争、远离西方所谓文明世界的，充满和平、幸福、自由、美好的世外桃源，流露出当时西方民众在经济衰退和战争阴影之下渴望心灵解脱的普遍心态。而关于小说中的"香格里拉"究竟是何方的争议至今未能停歇。

　　本文节选自《消失的地平线》，讲述了康维一行人刚遭遇空难迫降在香格里拉荒野中的情形，课文从康维的视角描述了当时他所看到的周边景色和这行人的处境。虽然夜间和白天的雪峰呈现出不同景象，但同样圣洁巍峨，有一种震慑人心的力量。阅读本文，感受神秘壮美的大自然带给人心灵的震撼与心灵的皈依，以及人类在大自然面前应该持有的敬畏和尊重。

　　他们就处在那片凄凉偏僻山野之地的某个角落。在这种孤立无助的莽荒之地，比起被放逐到沙漠孤岛的感觉，好不到哪里去。

　　突然，一种非常令人触目惊心的变化发生了，仿佛有什么更加神秘的暗示来回报他的好奇。原先被云朵掩藏的那一轮圆月又悬挂在影影绰绰[1]的高地边缘上空，同时还半遮半掩地揭开前方那一片黑暗的幕帐。

康维眼前渐渐呈现出一条长长的山谷轮廓，两边绵亘[2]着圆丘状起伏的，看上去令人愁郁忧伤的低矮山峰，黑黝黝的山色鲜明地映衬着瓷青色的茫茫夜空。而他的视线被不可抗拒地引向山谷的正前方，就在那里凌空高耸着一座雄伟的山峰，在月光的朗照下闪烁出熠熠的辉光。

在他的心目中，这该是世界上最美丽，最可爱的山峰。它几乎是一个完美的冰雪之锥，简单的轮廓仿佛出自一个孩童的手笔，且无法估计出它有多大，多高，还有它离得到底有多近。它如此地光芒四射，如此地静谧安详，以至于康维有那么一会儿甚至怀疑它到底是不是真实的存在。康维正对着山呆呆凝望的时候，一溜轻轻的云烟遮上这金字塔般的山峰边缘，表明这神奇景致的真实不虚，再有，那微弱的雪崩的隆隆响声更证实了这一点。

他心中涌起一股冲动想唤醒其他几个一起分享这壮丽的景致。但是又考虑到这样可能会影响这一片宁静的氛围。不仅如此，从一个常规的角度来想一想，这样一种原始的壮观景物，只是更加突出了与世隔绝和潜在的危险因素。很有可能，从这里到有人居住的地方起码也有百里之遥。他们没有什么吃的；除了那把左轮手枪，他们没有别的武器；这飞机也已经损坏而且燃料也差不多耗尽，就算有人知道如何驾驶它也无法使用。他们没有抵御这可怕的寒冷和狂风的衣服，马林逊的摩托服和风衣抵不了多少事，布琳克罗小姐甚至紧裹上毛衣和围巾像是来到极地探险似的，康维第一眼见到她这副样子觉得很是滑稽，她也不会很舒服。除了康维自己，他们几个都有高原反应，就连巴纳德都因过度紧张而陷入忧郁消沉之中。马林逊自言自语地嘀咕抱怨着；很清楚如果这种苦楚和艰难继续持久下去他会怎样。面对如此凄凉悲苦的场面，康维情不自禁向布琳克罗小姐投去钦佩的目光。她不是一个平庸的人，康维这样想，没有一个向阿富汗人教唱赞美诗的女性会得到这样的评价！然而，她确实很不一般。在每一次磨难之后，仍然在平凡中透出不平凡的气质，因此康维对她心存一种深深的好感。"希望你不要太难过。"当他与她的目光相遇时他怜悯地说道。

"战争期间，那些战士遭受的磨难比这还要重啊。"她答道。在康维看来这两者不能相提并论，也没多少意思相比，老实说，当年在战壕里自己也从未度过这样一个难熬的夜晚，就算其他许多人都曾经历过。他把注意力都集中到那个奄奄一息的飞行员身上。这会儿，他一阵一阵不规则地呼吸着，偶尔有轻微的抽搐。马林逊推断他是中国人也许是对的。他有着典型的蒙古式的鼻子和颧骨，尽管他成功地冒充了一次英国空军上尉。马林逊说他难看，可曾在中国生活过的康维却认为他长得还算过得去，只不过现在在四周点成一圈的火柴灰黄光线的照射之下，他毫无血色的皮肤和张着的嘴是显得不那么好看。

夜，慢吞吞地向前拖曳着，每一分钟似乎都那样沉重且可以触摸得到；仿佛得推它一把为下一分钟让路。过了些时辰，月光渐渐暗淡下来，连同远处幽灵一般的山影也隐藏了起来；然后是倍加的黑暗，寒气还有骇风不断地上演着恶作剧，一直到黎明慢慢走近。当曙光渐露之时，风亦落下了"帷幕"，渐渐弱了下来，留给这个"世界"怜悯的宁静。

前方勾勒出苍白的三角形，这金字塔式的山峰又呈现眼前。开始是灰色，接着换成了银色，后来，太阳最初的光芒吻了上来，这顶峰竟妆点上了粉色的胭脂。

一片逐渐褪去的朦胧之中，山谷亮出了模样。卵石和沙砾往上堆积成斜坡状的地面，显现了出来。这可不是一幅令人感到亲近的画面；可对康维来说却是。当他环顾四周观察着眼前的景物时，发觉这山谷之中蕴含着某种奇怪而微妙的理念；一种全然不是纯粹浪漫色彩的吸引力，而是一种钢铁一般的，几乎是充满了理性的风格。

远处这座白色金字塔让你在心底不得不接纳它，虽激不起多少罗曼蒂克的激情；这就如同人们不得不接受欧几里德定理[3]一样。当太阳终于上升到蔚蓝色的天空时，他又一次感到了丝丝的快慰。

（选自《消失的地平线》第二章，詹姆斯·希尔顿著，和为剑译，海天出版社，2000年4月第1版。）

【注释】

[1] 影影绰绰（chuò），模模糊糊，不真切。

[2] 绵亘（gèn），接连不断（多指山脉等）。

[3] 欧几里德定理，直角三角形射影定理，又称"欧几里得定理"。定理内容是直角三角形中，斜边上的高是两直角边在斜边上射影的比例中项，每一条直角边是这条直角边在斜边上的射影和斜边的比例中项。欧几里得，古希腊数学家，被称为"几何之父"。

【思考与练习】

1.如何理解课文结尾"远处这座白色金字塔让你在心底不得不接纳它，虽激不起多少罗曼蒂克的激情；这就如同人们不得不接受欧几里德定理一样"这句话的含义？

2.在课文中，作者着力描写了刚刚遭遇飞机失事灾难的康维眼中所看到的雪山的景象，夜晚的雪山和白天的雪山有何不同？是什么导致了这种差异？

3.小说中，康维一行人因飞机失事迫降在这个陌生的山谷中，如果没有当地人的援助，他们很可能就遇难了。在大自然面前，人类是渺小的，我们应该如何看待人与自然的关系？

4.关于"香格里拉"的真实原型地的争议一直没有停止，请自行阅读《消失的地平线》小说原文，你认为文中的"香格里拉"是哪里？请给出理由。

弥渡山歌三首

◎汉族民歌

【导读】

被誉为"花灯之乡""民歌之乡""小河淌水的地方"的弥渡是名副其实的歌舞之乡，那里的人民能歌善舞，情感丰富，号称"十个弥渡人，九个会唱灯"。人们善于用演唱来抒发情感，表达心意，悠久的山歌文化给弥渡积淀了数不清的山歌小调，堪称山歌宝库。弥渡人喜唱山歌的传统与这里独特的地理位置和商旅文化分不开，弥渡地处滇西大理白族自治州东南部，过去曾是各省游民杂居之地，南来北往的马帮不仅给这里驮来了商业的繁荣，也给这里捎来了夜深人静时思亲的吟唱，赶马人用歌声驱散漂泊异乡的孤独，用歌声寄托对故乡的思念，用歌声倾诉内心的喜怒哀乐。

如今，马帮已经逐渐成为历史烟云往事，而山歌依然回响在弥渡的田间地头、街头巷尾。《小河淌水》里皎洁的月光流淌着心心相印的纯朴之情，《绣荷包》里心灵手巧的弥渡姑娘用小小荷包拴住情郎的心，《山对山来崖对崖》里隔着山隔着水的恋人突破重重障碍终成眷属。

聆听动听的歌曲，了解山歌这种古老的民歌形式，理解含蓄浪漫的歌词背后传递的纯洁美好的情感，体会歌曲朴实自然、形象生动、吐露生活芬芳的艺术特色。

小河淌水

哎——

月亮出来亮汪汪

想起我的阿哥在深山

哥像月亮天上走

山下小河淌水清悠悠

哎——

月亮出来照半坡

望见月亮想起我阿哥

一阵清风吹上坡

你可听见阿妹叫阿哥

绣荷包

小小荷包双丝双带飘

妹绣荷包嘛挂在郎腰

小是小亲哥

等是等着我

不等情妹嘛，要等哪一个

荷包绣给小哥戴

妹绣荷包有来由

哥戴荷包街前走

妹有心来哥有求

山对山来崖对崖

耶——咿——哪

山对山来崖对崖

蜜蜂采花深山里来

蜜蜂本为采花死

梁山伯为祝英台

耶——咿——哪

山对山来崖对崖

小河隔着过不尼来

哥抬石头妹兜沙

花桥抬起走过尼来

（选自《好歌云南·云南经典歌曲100首》，云南省音乐家协会编，云南民族出版社，2016年6月第1版。）

【思考与练习】

1.比兴是这几首民歌主要的修辞手法，请从诗歌中找出几例进行分析。体会这种修辞手法的妙处。

2.山歌是中国民歌的一种常见形式，请查阅资料，了解山歌的相关知识。聆听这几首民歌，分析歌曲的艺术手法和风格。

3.爱情是文学作品永恒的主题，在这几首优美动听的爱情诗里传达了什么样的情感？表现出了怎样的人物性格？结合诗句谈谈你的看法。

【知识链接】

弥渡的山歌文化

"东方小夜曲"《小河淌水》的发源地——云南省大理白族自治州弥渡县，是闻名遐迩的"花灯之乡""民歌之乡"，以《小河淌水》为代表的弥渡山歌已成为云南旅游的又一文化名片。

弥渡，曾名迷渡。相传这里原是一片浩瀚的水乡泽国，行者易迷津，故名"迷渡"。为讳水患，清代改称弥渡，它犹如一块翡翠镶嵌于滇西高原。弥渡地处滇西大理白族自治州东南。根据境内发掘的战国青铜鼓考证，2 000多年前，滇西古丝绸之路——茶马古道从这里穿境而过。战国时期，庄蹻将楚文化带到弥渡。之后秦文化、汉文化、蜀文化相继进入弥渡。唐代，弥渡是南诏王国的腹心之地。唐樊绰《蛮书》卷五记载，"龙尾城直南蒙舍路……向西永昌路，向东白崖（今弥渡县红岩镇）城路"，"白崖城……正南去开南城十一日程"，记载了当时马帮从弥渡南面去"开南"（今景东彝族自治县）的路程。《明万历赵州志》、天启《滇志》中提到的"弥只里""弥只铺"，便是现今的弥渡县密祉乡文盛街。马帮从白崖南下经"大庄"哨，过"腰惠铺"（今弥渡县寅街镇加会邑村），登景东山坡(在加会邑村的山峦里)进入密祉坝。往北上定西岭，直达下关；往右进藏区，往左上博南古道。10多万中原将士和商贾游民，不仅给这片丰腴的土地带来了农商技术，也给这块多情的地方传播了黄河文化，从那时起，弥渡就有"灯从唐朝来，艺从唐朝起"的说法。《蛮书》中"南诏境内各民族，'俗好饮酒歌舞'"及《南诏图传》中"芦笙赛祖，毡帽踏歌"的描绘，证明弥渡在这一时期，已有了广泛的民间歌舞活动。同时唐代弥渡已有代表性的歌种"弥渡舞蹈歌"，彝族民歌《打歌调》就是"踏歌"（打歌）最主要的歌唱曲调。明朝洪武年间，军屯、民屯、商屯和开疆移民活动连绵不断，给这里带来了缠绵婉丽的长江文化。随着流传于江南一带的"吴歌小曲"和中原文化的社火同本地民歌的融合，形成了弥渡花灯，在元宵灯会中演唱。清嘉庆初年的《滇系》记载了弥渡民歌"山歌九章"，反映了"吴歌小曲"在弥渡民间较为普及。东南地区的移民带来的汉族文化和彝族、回族、白族等少数民族文化相互交流、渗透。

弥渡人民在吸取马帮山歌、小调等内容后，创作出《小河淌水》等一批经典民歌。20世纪50年代以来，随着《小河淌水》《十大姐》《绣荷包》《弥渡山歌》等弥渡传统民歌、改编民歌的传播，"弥渡民歌"作为一种传统音乐逐渐产生影响。《小河淌水》源于密祉，密祉不仅山歌调子优美动听，而且是云南花灯的重要发源地。这里的龙灯盛会起源于清乾隆年间，已有近300年的历史。每年正月十五、十六两天，18个村的群众汇集密祉大寺，狮、龙、凤乘兴起舞，男女老幼同场赛唱，昼夜狂欢，气氛热烈，实属罕见，被誉为"东方的狂欢节"。

弥渡山歌小调，经过无数代人的口口相传，流传至今。它记录着弥渡的时代变迁，抒发着各个时代人们的内心情感。从20世纪80年代以来，文化部门和民间文化音乐人士曾经对弥渡山歌进行了多次收集。如今，人们能看到的就有300多首山歌、400多首花灯小调。

弥渡民歌按照民族分类可分为汉族民歌和少数民族民歌两类，按照音乐体裁则分为山歌、小调、舞蹈歌、风俗歌等类型。2000年12月，弥渡县被文化部（2018年3月改组为文化和旅游部）正式命名为"中国民间艺术（花灯）之乡"。2008年弥渡花灯被国务院列入"国家非物质文化遗产名录"。2011年5月，弥渡民歌被列入第三批国家级非物质文化遗产名录。

尼汝锅庄·央查（节选）

◎藏族民歌

【导读】

尼汝，意为"阳光照耀的地方"，静卧在横断山腹地，是"三江并流"世界自然遗产核心区。新生代以来的地质运动与冰川侵蚀，塑造了这里鬼斧神工、雄奇壮美的自然景观。祖祖辈辈居住此地的藏族人民淳朴善良、辛勤劳作，创造出古朴厚重而独具特色的地域文化，尼汝锅庄舞就是其中一朵绚丽的奇葩。在尼汝藏语里锅庄舞被称为"嚓啦"，意为娱乐、欢乐，是遇到喜庆吉祥日子才会组织的集体歌舞活动，其集歌、舞、词于一体，种类繁多，曲调轻快活泼，舞姿缓慢、稳健、舒展、古朴，唱词一般三句为一段，按照一定的顺序展开。

"央查"是锅庄舞的序曲，内容以福泽为主，多在乔迁新居、喜庆年节、男婚女嫁等庆祝活动时举行。选文是一首乔迁新居时表演的锅庄舞歌词，从天地、村寨到房屋的建成，从户外到户内、从楼下到屋顶等构成事项都在锅庄舞中淋漓尽致地跳出来。比如，跳到房屋的形状时，赞颂房屋像四方六棱的平安塔；又如，跳到院坝里的藏獒时，就形容藏獒像飞舞的蜜蜂在百花丛中采蜜。歌词充满想象力，多用比喻、排比的修辞手法，把歌舞中看到的种种景象用寓意吉祥美好的事物加以形容，寄托了藏族人民对于美好幸福生活的希望和祝愿。

福气来降临哦，福气来降临哦，舞者欢聚之状，犹如苍穹高悬。

福气来降临哦，福气来降临哦，湛蓝天空之状，犹如四洲八俗。

福气来降临哦，福气来降临哦，广阔大地之状，犹如莲花铺地。

福气来降临哦，福气来降临哦，村庄坐落之状，犹如小鸟栖林。

福气来降临哦，福气来降临哦，村中小径之状，犹如丝绸铺路。

福气来降临哦，福气来降临哦，路边栅栏之状，犹如细针排列。

福气来降临哦，福气来降临哦，栅栏横纹之状，犹如吉祥编结。

福气来降临哦，福气来降临哦，长条经幡之状，犹如蓝天之柱。

福气来降临哦，福气来降临哦，下马石头之状，犹如金座来砌。

福气来降临哦，福气来降临哦，神之庭院之状，犹如四角八棱。

福气来降临哦，福气来降临哦，庄严大门之状，犹如虎牛对峙。

福气来降临哦，福气来降临哦，门上莲饰之状，犹如玉木来压。

福气来降临哦，福气来降临哦，门头横木之状，犹如细针排列。

福气来降临哦，福气来降临哦，院落有致之状，犹如丝绸围绕。

福气来降临哦，福气来降临哦，木质猪槽之状，犹如金湖荡漾。

福气来降临哦，福气来降临哦，黑色藏猪之状，犹如黑熊列队。

福气来降临哦，福气来降临哦，固定马槽之状，犹如麦草斜放。

福气来降临哦，福气来降临哦，黄额马匹之状，犹如金鱼队列。

福气来降临哦，福气来降临哦，拴狗楔子之状，犹如柳树摇动。

福气来降临哦，福气来降临哦，铁质链子之状，犹如金珠串联。

福气来降临哦，福气来降临哦，彩色项圈之状，犹如鲜花盛开。

福气来降临哦，福气来降临哦，威严藏獒之状，犹如蜜蜂飞旋。

福气来降临哦，福气来降临哦，柱基圆石之状，犹如酥油圆饼。

福气来降临哦，福气来降临哦，木梯竖立之状，犹如黄绸垂挂。

福气来降临哦，福气来降临哦，木梯底座之状，犹如放置金汁。

福气来降临哦，福气来降临哦，木梯侧边之状，犹如白纸砌就。

福气来降临哦，福气来降临哦，木梯头部之状，犹如鹰鹫栖落。

福气来降临哦，福气来降临哦，二楼走廊之状，犹如彩绸铺设。

福气来降临哦，福气来降临哦，外层大门之状，犹如白绸悬挂。

福气来降临哦，福气来降临哦，内里大门之状，犹如黑绸悬挂。

福气来降临哦，福气来降临哦，不外不内中门，坚如铁碉紧锁。

福气来降临哦，福气来降临哦，木质水架之状，犹如吉网联绕。

福气来降临哦，福气来降临哦，铜制水缸之状，犹如江河旋荡。

福气来降临哦，福气来降临哦，酥油圆饼之状，犹如星王升起。

福气来降临哦，福气来降临哦，椭圆酥油小饼，犹如繁星升起。

福气来降临哦，福气来降临哦，大型铜瓢之状，犹如黄鸭栖落。

福气来降临哦，福气来降临哦，黄铜水瓢之状，犹如幼鸭栖落。

福气来降临哦，福气来降临哦，横板铺设之状，犹如纺线安置。

福气来降临哦，福气来降临哦，细窄竖板之状，犹如蛇团绕行。

福气来降临哦，福气来降临哦，地板铺设之状，犹如铺垫虎皮。

福气来降临哦，福气来降临哦，火塘木框之状，犹如刀尖下垂。

福气来降临哦，福气来降临哦，四方火塘之状，犹如神湖旋漾。

福气来降临哦，福气来降临哦，薪柴临烧之状，犹如细针排列。

福气来降临哦，福气来降临哦，火星闪烁之状，犹如流星光焰。

福气来降临哦，福气来降临哦，铁质三脚之状，犹如圆镜环绕。

（选自《尼汝锅庄》，郭晓明、马国伟编著，云南人民出版社，2019年2月第1版。）

【思考与练习】

1.从这首"央查"中选出你认为描写得贴切生动的诗句，加入自己的理解，进行赏析。

2.诗歌中对降临而来的"福气"进行了多重比喻，看似杂乱无章，实则有一定的排列规律。认真阅读诗歌，找出诗歌的写作规律。

3.观看锅庄舞歌舞视频，感受锅庄舞这一传统古老的歌舞特色和藏文化独特的风情。班上如有会跳锅庄舞的同学，请给大家表演展示，或教大家几个锅庄舞的基本动作。

实践活动

聆听彩云之巅的声音

——滇西北少数民族风情展示活动

【活动目的】

1.了解滇西北少数民族习俗、节日、服饰、音乐和舞蹈等民族文化，能用音乐、舞蹈、表演剧、朗诵、讲解等形式加以解说或呈现。

2.学习云南各民族的民间歌舞，能当众表演和演讲，增强自信心。

【活动流程和要求】

一、活动准备

1.组建小组，选定小组展示主题和方式，明确小组成员分工。

2.利用课余时间，学习相关少数民族文化和民族歌舞，策划并撰写表演时的旁白和解说文案。

3.制作配套PPT和音频，图文并茂，突出讲解要点。

4.排练节目并进行预演，准备参加展示活动。

5.推荐或选举交流会主持人2人，主持人做好相关准备工作：了解各小组展示主题，安排各小组出场顺序，布置展示活动会场，准备主持词和各部分串词。

二、活动流程和内容

1.主持人致开篇词，宣布展示活动出场顺序。

2.各小组按顺序依次展示，用少数民族歌舞、诗歌朗诵、情景再现、讲解等艺术形式，结合PPT图片、视频等，展示少数民族习俗、节日、服饰、音乐和舞蹈等民间文化。

3.主持人组织全班同学投票，选出最佳表演团队、最佳造型和最佳表演者。

4.教师总结点评，给出指导性意见。

三、成果展示

1.进一步打造活动中的优秀作品，形成精品节目，向校园网站和网络教学平台推荐学生的表演视频。

2.发现班上热爱表演和能歌善舞的同学，推荐参加导游技能大赛。

【活动资源】

云南省博物馆官方网站。

【评价标准】

1.节目内容形式丰富多样，具有一定的完整性和创造性。

2.有鲜明的民族特色，能展现有代表性的地方民间文化。

3.小组合作好，积极性高，表演有感染力。

滇西北旅游精品线路

滇西北"香格里拉生态旅游区"包括大理白族自治州、丽江市、迪庆藏族自治州和怒江傈僳族自治州。

线路一：滇西北民俗风情游（其一）

具体线路：大理古城—喜洲古城—剑川古城—丽江古城—宁蒗。

线路简介：该线路主要展示了大理白族风情、丽江纳西族风情、宁蒗摩梭人及彝族的风情。

大理古城：大理古城为全国首批 24 个历史文化名城之一。古城的城区道路仍保持着明、清以来的棋盘式方格网结构，素有九街十八巷之称。游客可以体验白族"三月街""绕三灵"等节日风俗。

喜洲古城：喜洲是重要的白族聚居的城镇，这里有保存最多、最好的白族民居建筑群。游客可以参观白族民居的 "三坊一照壁""四合五天井""六合同春"等式样。

剑川古城：剑川古城距今已有 650 多年历史。距剑川古城 30 多千米的沙溪古镇是茶马古道上的一个历史重镇，至今保留着完整的马帮文化，镇上的寺登街被誉为"茶马古道上唯一幸存的集市"。游客可以参与石宝山歌会、参观石钟山石窟和欣赏白族木雕。

丽江古城：丽江古城建于宋末元初，是中国以整座古城申报世界文化遗产获得成功的两座古城之一。从古城总体布局到工程、建筑融合汉族、白族、彝族、藏族各民族精华，独具纳西族风采。游客可以体验纳西族"棒棒会""三朵节"和纳西古乐，还可以去参观纳西东巴博物馆，学习东巴文化。

宁蒗：宁蒗彝族自治县位于丽江市东北部川滇交界处，主要有彝族、汉族、摩梭人、普米族、傈僳族等居住在此。在宁蒗泸沽湖畔，游客体验的是摩梭人的民俗风情。

线路二：滇西北民俗风情游（其二）

具体线路：丽江虎跳峡—哈巴雪山—香格里拉—三坝乡白水台—德钦。

线路简介：该线路主要展示了三坝纳西族风情、香格里拉藏族风情。

虎跳峡：虎跳峡峡谷全长 23 千米，迂回道路 25 千米，东面为玉龙雪山，西面为香格里拉市的哈巴雪山，是世界上最深的峡谷之一。

哈巴雪山：哈巴雪山位于香格里拉市东南部，最高峰海拔 5 396 米，而最低江面海拔仅为 1 550 米。"哈巴"为纳西语，意思是"金子之花朵"。哈巴雪山脚边居住着藏族、彝族、纳西族等少数民族，有许多别具特色的少数民族村寨。特殊的地理位置及自然环境，使这里保留了淳朴的民风民情。

香格里拉：香格里拉市位于云南省西北部的滇、川、藏大三角区域，地处迪庆藏族自治州腹心地带。香格里拉除主体民族藏族外，还有汉族、纳西族、彝族等二十几个民族。民族节日主要有阴历五月初五的赛马会、"丹巴节"、"格冬节"、纳西族的"二月八"、彝族的"火把节"等节日。在赛马会上，可以尽情体味浓郁的藏族风情。

三坝乡白水台：白水台其造型酷似一层层梯田，为中国最大的泉水台地之一。纳西语称白水台为"释卜芝"，意为"逐渐长大的花"，白水台有"仙人遗田"的美称。三坝乡白地村是纳西族东巴教的发祥地，这里可以体验纳西族民俗文化，可以过纳西族"二月八"等节日。

德钦：德钦县素称"歌舞之乡"，是中国最珍贵的滇金丝猴的故乡。德钦县全境山高坡陡、峡长谷深，地形地貌复杂。境内怒山、云岭两大山脉中屹立的梅里雪山、甲吾雪山、润子雪山、白马雪山海拔都在 5 000 米以上，终年积雪。最高峰为卡瓦格博峰，海拔 6 740 米，为云南第一高峰，藏语为"雪山之神"，梅里雪山被《中国国家地理》杂志评为中国最美十大名山之一。

线路三：滇西北民俗风情游（其三）

怒江大峡谷介绍

具体线路：大理—怒江六库—泸水—福贡—贡山—兰坪。

线路简介：该线路主要展示了六库、福贡傈僳族风情，贡山独龙族风情、怒族风情和兰坪普米族风情。

怒江傈僳族自治州州政府所在地为泸水，辖有泸水、福贡、贡山独龙族怒族自治县和兰坪白族普米族自治县四个县。境内居住着傈僳族、独龙族、怒族、普米族、白族、藏族、汉族等22个民族，少数民族人口占总人口的92%，比例居全国30个民族自治州之首。其中傈僳族占总人口的48.21%，独龙族和怒族是怒江州独有的少数民族。

怒江由北向南纵贯全境，走进怒江大峡谷，您就来到了世界上最长、最神秘、最美丽险奇和最原始古朴的东方大峡谷。在这里您可以观赏到三江并流风景区，最西部也是最秀丽的自然景观；可以在六库参加傈僳族的"阔时节""刀杆节"和傈僳族澡塘会，倾听傈僳族无伴奏四声部合唱，有世界名曲《友谊天长地久》《欢乐颂》《平安夜》《为了明天的和平和友谊》《大地之歌》等；可以体验福贡傈僳族"沙堆埋情人"，意味着埋去死神、迎来永恒的爱情和吉祥；福贡石月亮是谷中的一大奇景，从公路上遥看，清晰可见山峰拖着一轮圆月。实际上，这是高黎贡山的一座岩峰，开了一个约100米高、直径45米的竖椭圆形大洞，可以窥见山背面的天空。这里是公认的傈僳族发源地。

在福贡和贡山可以体验溜索；丙中洛是"三江并流"的核心区，可观赏怒江第一湾石门关桃花岛、贡当神山等神奇的地理奇观；可以参与怒族"仙女节"独龙族"卡雀哇节"，观赏月亮大瀑布风景区、独龙江人马驿道、独龙江民俗风情旅游区；在兰坪体验普米族"吾昔节""情人节"。

延伸阅读

滇西北旅游民俗文化

大理白族民俗文化

白族主要分布在云南、贵州、湖南等省，其中以云南省的白族人口最多，主要聚居在大理白族自治州。白族在艺术方面独树一帜，其建筑、雕刻、绘画等艺术名扬古今中外。

本主文化：本主崇拜是白族全民信奉的宗教。本主白语称"武增"，是"本境福主"的简称，意即"我的主人"。他们是白族村社的保护神，有的一村供奉一个本主，也有几村供奉同一本主的情况。只要和白族村社有密切联系的人和事物都可以成为本主，所以在本主神中既有原始宗教色彩浓厚的山川树木、虫鱼鸟兽之神，也有佛道之神、儒家典范人物及民间传说中的人物；既有王室、贵族，也有英雄、平民；既有白族人物，也有汉族和其他民族的人物。这充分体现了本主崇拜兼容并蓄的特点。每位本主都有自己的节日，就是本主庙会。在白族人民的日常生活中，不仅节庆、重大事件都要到本主庙去献祭，举凡婚丧喜庆、疾病灾害、出门远行等，也要到本主庙祭祀，以祈求本主神的保佑。

家风文化：在"文献名邦"大理，走进大大小小的白族村寨，就会发现白族民居照壁上展现出的文化标识，蕴含着丰富独特的白族"家风"文化，比如"清白传家"为杨姓的家风，"琴鹤家声"为赵姓的家风，"百忍家风"为张姓的家风，"青莲遗风""邺架流香"为李姓的家风，"水部家声"为何姓的家风，"工部家声"为杜姓的家风，"明道家风"为程姓的家风，"渭钓家风"为姜姓的家风，"绛帐家声"为马姓的家风，"濂溪世第"为周姓的家风，"瑞雪三槐"为王姓的家风，等等。这些"家风"大多源自意义深远的历史典故，被白族先人世世代代传承下来，对后人有着深远的教育意义，时刻激励着人们发扬优良传统、开拓进取。

服饰文化：白族女子服饰各地有所不同。大理一带多用绣花布或彩色毛巾缠头，穿白上衣、红坎肩，或是浅蓝色上衣、外套黑丝绒领褂，右衬结纽处挂"三须""五须"银饰，腰系绣花短围腰，下穿蓝色宽裤，足蹬绣花鞋。已婚者挽髻，未婚者垂辫于后或盘辫于头，都缠以绣花、印花或彩色毛巾的包头。在白族姑娘的头饰上，蕴含着一个大家非常熟悉的词语——风花雪月。白族少女的帽子，垂下的穗子是下关的风，艳丽的花饰是上关的花，帽顶的洁白是苍山雪，弯弯的造型是洱海月。

雕刻文化：白族的雕刻艺术闻名于世，主要体现于石雕和木雕。石雕以剑川石钟山石窟和大理国经幢为代表。开凿于南诏大理国年间的剑川石钟山石窟是中国南方最具代表性的石窟之一，享有"西南敦煌"的美誉。大理国经幢，又名"地藏寺经幢"。经幢造型优美，雕刻技术精湛，具有密宗佛教造像的特点，被誉为"滇中艺术极品"。白族木雕主要运用于宫廷庙宇、民居建筑的装饰上，尤以剑川木雕最为出名。北京人民大会堂云南厅的堂门和木雕屏风就是出自剑川木匠之手。

节日文化：白族的主要节日有三月街、火把节、绕三灵、石宝山歌会、剑川骡马会、本主节、蝴蝶会、茈碧湖歌会、海西海歌会、耍海会、葛根会等。三月街又名"观音市"，是白族盛大的节日和街期。三月街是一个有着千年历史的民族传统盛会，它既是云南西部最为古老而繁荣的贸易集市，也是大理白族自治州各族人民一年一度的民间文艺体育大交流的盛大节日。每年阴历三月十五日开始在大理古城西门外举行，会期七天至十天。

丽江纳西族民俗文化

纳西族为云南特有民族之一，绝大部分居住在滇西北的丽江市，其余分布在云南其他县市和四川盐源、盐边、木里等县，也有少数分布在西藏芒康县。纳西族在艺术方面独树一帜，其诗文、绘画、雕塑、乐舞等艺术名扬古今中外。

东巴文化：东巴文化是伴随纳西族漫长的历史发展而逐步形成和演化的活形态文化，是千百年来纳西族创造和积累起来的自然科学和社会科学的总和，是古代纳西族人民的"百科全书"。东巴文化是由东巴世代传承下来的纳西族古文化，主要包括东巴文、东巴经、东巴画、东巴音乐、东巴舞蹈和各种祭祀仪式等。东巴教是纳西族的原始宗教，其祭司称为"东巴"，是东巴文化的主要传承者，意译为"智者"，是纳西族最高级的知识分子之一，他们多数集歌、舞、经、书、史、画、医于一身。东巴文是一种兼备表意和表音成分的图画象形文字。主要为东巴教徒传授使用，东巴文有1 400多个单字，东巴文被称为世界唯一存活着的象形文字，被誉为"文字活化石"。

音乐文化：纳西古乐起源于公元14世纪，它既是云南省最为古老的音乐之一，也是中国乃至世界最古老的音乐之一。纳西古乐是纳西族人民在接受以儒道文化为代表的中原文明影响下而创建的艺术结晶。纳西古乐由《白沙细乐》《洞经音乐》和《皇经音乐》（皇经音乐现已失传）组成，融入了道教法事音乐，儒教典礼音乐，甚至唐宋元的词、曲牌音乐，形成了其独特的灵韵，被誉为"音乐活化石"。以古乐曲、古乐器、古稀老人演奏"三古"著称。

服饰文化：受汉族的影响，男子服饰与汉族的基本相同。妇女身穿大褂，外加坎肩，着长裤，腰系多褶围裙，在劳动或出门时再披上羊皮披肩。披肩制作得非常精巧，在肩部缀有两个大圆布圈，背上并排钉着七个小圆布圈，较为普遍的说法是代表天上的太阳、月亮及星星，俗称"披星戴月"，象征着纳西族妇女的勤劳能干。

节日文化：纳西族的主要节日有新年、棒棒会、三朵节、火把节、七月骡马会等。三朵节为每年阴历二月初八，三朵是纳西全民族信仰的民族保护神，相传他属羊，是位战神。每年阴历二月八日和八月羊日，纳西人都要到三朵阁来烧香拜神；纳西人凡出远门都要到三朵阁祭拜，求三朵神保佑。

迪庆藏族民俗文化

藏族主要分布在西藏自治区、青海省和四川省西部，以及云南迪庆、甘肃甘南等地区，藏族人民创造了灿烂的民族文化，在文学、音乐、舞蹈、绘画、雕塑、建筑艺术等方面，留下了极为丰富的文化遗产。藏族雕刻技艺高超，藏戏独具特色，藏医药学也是人类重要遗产。

藏戏文化：藏戏是一个非常庞大的剧种系统，由于青藏高原各地自然条件、生活习俗、文化传统、方言语音的不同，它拥有众多的艺术品种和流派。藏戏的藏语名为"阿吉拉姆"，意为"仙女"。据传藏戏最早由七姊妹演出，剧目内容又多是佛经中的神话故事，故而得名。藏戏起源于8世纪藏族的宗教艺术。17世纪时，从寺院宗教仪式中分离出来，逐渐形成了以唱为主，唱、诵、舞、表、白和技等基本程式相结合的生活化的表演。藏戏唱腔高亢雄浑，基本上是因人定曲，每句唱腔都有人声帮和。

藏药文化：藏医药是藏族人民通过长期丰富的生产和生活实践，博采中医学、古印度医学和古阿拉伯医学之长，逐步积累、完善而形成的独具特色的传统医学体系。公元14世纪中叶，藏医学出现了以南派和北派为主要代表的不同学派，北派主要生活在北方高原地带，对常见病如风湿病有丰富的治疗经验，擅长应用温热药物、艾灸及放血疗法。南方学派的出现较北派略晚一些，由于地处亚热带地区，善用草药。公元8世纪末，藏区名医宇妥宁玛·云丹贡布各处游学，广泛吸收前人的经验，并经过20多年的实践，著成了藏医学的奠基之作《四部医典》。

服饰文化：藏族不同的地域，有着不同的服饰。男装雄健豪放；女装典雅潇洒，尤以珠宝金玉作为佩饰，形成了高原妇女特有的风格。藏族服饰的基本特征是长袖、宽腰、长裙、长靴。这较大程度上取决于藏族人民所处生态环境和在此基础上形成的生产、生活方式。穿着这种结构肥大的服装夜间和衣而眠可以当作棉被抵御风寒；袍袖宽敞，臂膀伸缩自如，白天气温上升更可脱出一个臂膀，方便散热，调节体温。所以，"露一手"便成了藏族服装特有的风格。藏族服饰还有一个特色是色彩的搭配和构图。藏族民众日常的服装以蓝色、白色为主，配之以艳丽的腰带或花边。在牧区，藏服的花边常用蓝、绿、紫、青、黄、米等色块，依次组成五彩色带。还大胆地运用红与绿、白与黑、赤与蓝、黄与紫等对比强烈的颜色，配色大胆而精巧。

歌舞文化：藏族民间歌舞形式多样，特色鲜明。歌曲的唱词内容广泛，如歌颂日月星辰、山河大地，赞美妇女的容貌服饰，思念亲人，祝福相会，祝颂吉祥如意以及宗教信仰等内容。从20世纪50年代起，群众又编唱了许多反映新生活的歌词。果谐是一种古老的歌舞形式，意为圆圈歌舞，流传广泛，俗称锅庄。弦子流行于康、卫藏地区。由于歌舞时男子用牛角胡或二胡在队前领舞伴奏，故称弦子。巴塘弦子以曲调优美、曲目丰富、舞姿舒展而著称。谐钦多在隆重节日或仪式时演唱，音乐古朴热情，歌词内容有人类起源、历史传说、赞颂祝福等。热巴谐是流行于康巴地区的流浪艺人表演的歌舞，包括鼓铃舞、杂耍、歌舞剧、木棒舞、鹿舞、刀舞、热巴弦子等多种表演形式。

礼节文化：献哈达是藏族待客规格最高的一种礼仪，表达对客人热烈的欢迎和诚挚的敬意。"哈达"是藏语，即"纱巾或绸巾"。以白色为主，亦有浅蓝色或淡黄色的，一般长1.5~2米，宽约20厘米。最好的是蓝、黄、白、绿、红五彩哈达。五彩哈达用于最高最隆重的仪式，如佛事等。藏族人朝觐佛像、佛塔、活佛及拜谒长者，都要磕头。磕长头，一般是在有宗教活动的寺庙中进行。拜谒长者，要磕短头，表示尊敬和祝福。

节日文化：藏族节日繁多，基本上每个月都会有节日。藏历元月，是节日最多也最隆重的月份，在这个月里，几乎天天都是节日。藏族节日是藏族文化最主要的表现。雪顿节，是藏族人民的重要节日之一，每年藏庆七月一日举行，为期四五天。"雪顿"是藏语，意思是"酸奶宴"，于是雪顿节便被解释为喝酸奶的节日。望果节是藏族农民欢庆丰收的节日。"望"是指庄稼，"果"是转圈的意思，即绕着丰收在望的庄稼转圈。

怒江傈僳族民俗文化

傈僳族主要分布怒江、恩梅开江（伊洛瓦底江支流）流域地区，也就是中国云南、西藏与缅甸克钦交界地区，其余散居于中国云南其他地区、印度东北地区、泰国与缅甸交界地区。傈僳族是一个拥有着丰富多彩民俗文化的民族。

历法文化：傈僳族的自然历法，富有民族和地区特色。他们借助于山花开放、山鸟啼鸣、大雪纷飞等自然现象的变化，作为判断生产节令的物候。傈僳族人民把一年分为干湿两季，干季一般从头年公历11月雨季结束到次年2月雨季来临，湿季则从公历3月到10月，正是气温升高、雨多湿度大的时期。把一年划分为花开月（3月）、鸟叫月（4月）、烧火山月（5月）、饥饿月（6月）、采集月（7、8月）、收获月（9、10月）、煮酒月（11月）、狩猎月（12月）、过年月（1月）、盖房月（2月）10个节令。

民歌文化：民歌是傈僳族人民喜爱的艺术活动。无论是在各种生产活动中，还是在婚丧嫁娶时，傈僳族都要唱歌，甚至告状打官司或调解纠纷，也常采用唱调子的方式。傈僳族的民歌按其体裁和形式，大致可分为六类：古歌流传较广，较有名的调子有"生产调""古战歌""架桥调""逃婚调"等；情歌是男女青年成群结伙在一起对唱的调子，也有年轻恋人在幽会时唱的调子，称"由叶叶"，曲调有男女青年在田间劳动休息时，以琵琶或口弦相伴的"口弦调""琵琶调"等；赛歌是过年或聚会上男女青年对唱的即兴之歌，曲调喜用欢快奔放的"拜系拜"或"刮木热"；祭歌是祭祀祖先或鬼神时唱的调子；葬歌是追悼死者唱的调子，词句哀婉动人，曲调凄楚悲怆；颂歌是中华人民共和国成立以后傈僳族人民创作的民歌，大多以新旧对比的形式表达出傈僳族人民对新社会的热爱。

节日文化：傈僳族一年一度的年节为"阔时节"。一般均在夏历十二月初五至次年正月初十这段时期内，即樱桃花开季节。年节期间，习惯上都要舂籼米粑和糯玉米粑，并酿制香醇的水酒。春节期间，怒江峡谷的傈僳族人民还有"春浴"的习俗。凡沿江两岸有温泉的地方，都是人们欢聚沐浴的场所。六库附近的温泉地区，早在一百多年前，就形成了群众性的"汤泉赛诗会"。届时，附近十几里、几十里的歌手们都要聚会在这里赛诗对歌。人们一面赛诗对歌，一面品尝各自带来的美酒佳肴。德宏、腾冲的傈僳族群众每年阴历二月十七日过"刀杆节"。分两天活动，第一天"下火海"，用栗柴烧成一大堆火炭，表演开始，五个人赤脚围着火炭跳出跳进；然后"打火滚"，即在火炭上翻滚；"洗火脸"，即捧起火炭洗脸；最后把在火炭里烧烫了的铁链子拿在手里传来传去，称为"拉火链"，表演完毕群众一起跳舞。第二天"上刀山"，把32把磨得锋利的长刀，横绑在两根高4丈的粗栗木杆上成梯子形，顶端有红旗、鞭炮，在一片鞭炮锣鼓声中开始表演。

第三板块　滇西景点文学

徐霞客游记·滇游日记十（节选）

◎ [明] 徐霞客

徐霞客游记·滇游
日记十

【导读】

　　徐霞客（1587—1641年），名弘祖，字振之，号霞客，南直隶江阴县（今江苏省江阴市）人，明代杰出地理学家、旅行家。他用30余年游历祖国名山大川，"达人所之未达，探人所之未知"，足迹遍及今21个省、自治区、直辖市，游历探险，阅读大地，描述自然，写成了"千古奇书"——《徐霞客游记》。游记详细记录了各地山川地貌以及水文、地理、地质、动植物、社会人文等状况，为地理学的研究提供了许多重要资料，既是地理学上珍贵的文献，又是笔法精湛的游记文学。《徐霞客游记》开篇之日（5月19日）被定为中国旅游日。

　　云南是《徐霞客游记》记录分量最多的省份。徐霞客途经了云南彝族、水族、布依族、壮族、仡佬族、纳西族、白族、傣族、景颇族、回族等10多个民族聚居区。《徐霞客游记》全书约63万字，其中《滇游日记》就达25万字，记载云南的内容占全书总数的五分之二。云南是与徐霞客相关的文物和纪念建筑最多的省份，其中，徐霞客的手迹仅云南有珍藏。

　　徐霞客大约于1639年来到云南腾冲，在这里逗留了30多天，系统准确地梳理了腾冲山川河流水系的来龙去脉，还指出了前代史书的谬误。他的考察成果成为腾冲后世编史修志的主要参照。选文是徐霞客对腾冲热海温泉的生动记录。腾冲是中国三大地热区之一，境内有80多处温泉、沸泉群，地热温度之高，压力之大，蒸汽之盛，水热活动之强烈，为国内罕见。作为实地考察记录腾冲热海的第一人，徐霞客描绘了喷珠溅玉、吐雾蒸云的热海奇观，为我们留下了弥足珍贵的文字记录。热海游记是徐霞客腾冲之游中最精彩、最富科学性的华彩篇章。下面就让我们通过《滇游日记十》了解徐霞客笔下的热海奇观吧!

一里余,望见西峡自北而南,一溪贯其中,即矣罗村[1]之水,挟水尾山西峡而南者。溪西之山,嶙岈[2]南踞,是为半个山。按《一统志》有罗苴冲,硫磺塘在焉,疑即此山。然《州志》又两书之,岂罗苴冲即溪东所下之山耶?

又西下半里,直抵溪上,有二塘在东崖之下,乃温水之小者。其北崖之下,有数家居焉,是为硫磺塘村,有桥架溪上。余讯大塘之出硫磺处,土人指在南峡中,乃从桥南下流涉溪而西,随西山南行。时风雨大至,田塍滑隘,余踯躅南行,半里得径。又南一里,则西山南逊,有峡东注大溪,遥望峡中蒸腾之气,东西数处,郁然勃发,如浓烟卷雾,东濒大溪,西贯山峡。先趋其近溪烟势独大者,则一池大四五亩,中洼如釜,水贮于中,止及其半。其色浑白,从下沸腾,作滚涌之状,而势更厉,沸泡大如弹丸,百枚齐跃而有声,其中高且尺余,亦异观也。时雨势亦甚大,持伞观其上,不敢以身试也。其东大溪,从南下,环山南而西合于大盈;西峡小溪,从热池南东注大溪。小溪流水中亦有气勃勃,而池中之水,则止而不流,与溪无与也。溯小溪西上半里,坡间烟势更大,见石坡平突,东北开一穴,如仰口而张其上腭,其中下绾如喉,水与气从中喷出,如有炉橐[3]风箱之类鼓风煽焰于下,水一沸跃,一停伏,作呼吸状。跃出之势,风水交迫,喷若发机,声如吼虎,其高数尺,坠涧下流,犹热若探汤。或跃时,风从中卷,水辄旁射,揽人于数尺外,飞沫犹烁人面也。余欲俯窥喉中,为水所射不得近。其龈腭[4]之上,则硫磺环染之。

其东数步,凿池引水,上覆一小茅,中置桶养硝,想有磺之地,即有硝也。又北上坡百步,坡间烟势复大,环崖之下,平沙一围,中有孔数百,沸水丛跃,亦如数十人鼓煽于下者。似有人力引水,环沙四围,其水虽小而热,四旁之沙亦热,久立不能停足也。其上烟涌处虽多,而势皆不及此三者。有人将沙圆堆如覆釜,亦引小水四周之,虽有小气而沙不热。以伞柄戳入,深一二尺,其中沙有磺色,而亦无热气从戳孔出,此皆人之酿磺者。

时雨势不止,见其上有路,直逾西岭,知此为半个山道,遂凌雨蹑崖。其崖皆堆云骈瓣,岭岈嵌空,或下陷上连,或旁通侧裂,人从其上行,热气从下出,皆迸削之余骨,崩坠之剥肤也,所云"半个"之称,岂以此耶?

(选自《徐霞客滇游日记》,徐霞客著,朱惠荣整理,云南人民出版社,云南大学出版社,2017年12月第1版。)

【注释】

[1] 矣罗村，四库本作"绮罗村"。

[2] 嵲屼（tū wù），同"突兀"，山高耸的样子。

[3] 炉橐（tuó），炉子鼓风吹火的器具。

[4] 龈腭（è），本指牙床和腭，泛指口腔。这里指喷泉泉口形如人的口腔。

【思考与练习】

1.将本文内容与腾冲热海的导游词进行对照，看看二者有何异同，并将本文中精彩的描写运用到腾冲热海的导游讲解中。

2.理解文意，查阅资料，为徐霞客在云南的游历画一幅路线图，并标注上地名。

3.从徐霞客历经艰难险阻游历祖国山河的事迹中，你感受到一种怎样的精神？

4.司马迁为修《史记》，搜集遗闻轶事，足迹遍布中国；张骞为扬汉家声威，"出陇西、经匈奴"，为政治目的而冒险；唐玄奘"经百余国，悉解其语"，历艰险求真经，为宗教而远涉他乡。请比较总结一下以上三人的远游与徐霞客远游的不同之处。

5.谈谈徐霞客及《徐霞客游记》对于云南旅游推广有何现实意义和宝贵价值。

【知识链接】

鸡山[1]十景

[明] 徐霞客

芙蓉万仞削中天[2]，抟挽乾坤面面悬[3]。

势压东滇日半夜[4]，天边北极雪千年[5]。

晴光西洱摇金镜[6]，瑞色南云列绮筵[7]。

奇观尽收今古胜，帝庭[8]呼吸独为偏。

鸡山绝顶四观

[明] 徐霞客

日 观

天门遥与海门通，夜半车轮透影红。

不信下方犹梦寐，反疑忘打五更钟。

雪 观

北辰咫尺玉龙眠，粉碎虚空雪万年。

华表不惊辽海鹤，崆峒只对藐姑仙。

海 观

万仞同归一壑沤，银河遥点九天秋。

沧桑下届何须问，直已乘槎到斗牛。

云 观

白云本是山中物，南极祥光五色偏。

蓦地兜罗成世界，一身却在玉毫巅。

（选自《鸡足山诗文选》，陈友康主编，《宾川丛书》编纂委员会编，云南人民出版社，2019年10月第1版。）

【注释】

[1] 鸡山，即鸡足山，在云南省宾川县西北，洱海东北，山形前分三支，后为一支，宛如鸡足，故名。

[2] 此句极言鸡足山主峰天柱峰之高。芙蓉指鸡足山最高的天柱峰，状如芙蓉。

[3] 抟挍（tuán wán），原意为把东西揉搓捏合成团，此形容鸡足山为造化所为，自然天成。

[4] 此句写"日观"，想象鸡足山与东海相连。东溟，东海。

[5] 此句写"雪观"。北极，指北面的玉龙雪山。

[6] 此句写"海观"。西洱，即洱海。

[7] 此句写"云观"。瑞色南云，鸡足山南有祥云县，传说古代多彩云。

[8] 帝庭，天庭。

绮罗玉灯歌

◎[清] 尹 艺

【导读】

我国是世界上用玉最早，且绵延时间最长的国家。玉被中国人看作天地精气的结晶，在古代是重要的礼器，有丰富的文化内涵。而翡翠虽然传入我国的时间并不算长，但这剔透莹绿的石头一面世就征服了爱玉的中国人，在明清时期更是受到王公贵族的追捧，身价百倍，成为玉中极品。所谓"玉出腾越"，腾越即今云南腾冲，腾冲是翡翠进入中国的重要门户，清代檀萃《滇海虞衡志》记载："玉出南金沙江，江昔为腾越所属，距州两千余里，中多玉。夷人采之，撤出江岸各成堆，粗矿外获，大小如鹅卵石状，不知其中有玉、并玉之美恶与否，估客随意买之，运至大理及滇省，皆有作玉坊，解之见翡翠，平地暴富矣！"自古以来，腾越人便崇玉、爱玉，翡翠浸透到腾越人生活的方方面面，无论大人、孩子，都能把一桩桩翡翠的传奇故事讲得活灵活现。清末民初，腾冲城内就有翡翠作坊百余家，玉雕工匠三千余人。腾冲翡翠最具代表性的有"六大名玉"——绮罗玉、段家玉、振坤玉、官四玉、王家玉、马家玉。其中又以绮罗玉历史最悠久，居六大名玉之首。

清代云南著名诗人尹艺所作《绮罗玉灯歌》就为后世留下了绮罗玉问世的传奇经历，是见证绮罗玉得名的珍贵史料。就让我们跟随这篇诗歌，了解绮罗玉被发现的神奇瞬间，感受玉之所以被誉为天地精华的魅力所在吧。

君不见东坡先生所得雪浪石[1]，石质深黑脉理白，疑是孙位孙知微[2]，画出石间奔流飞花滚雪之巨泽。又不见欧阳少师[3]所蓄石屏风，上有水墨丹青踪，不画长林与巨植，画出峨眉雪岭万年不长之长松。天工胡为亦好事，怪怪奇奇无不备，崩岩忽现千佛形，柿木大书鲁公[4]字，遂令拘儒坐井观，咤为神奇妄拟议。迤见绮罗有玉灯，天之所孕地所凝。埋没地下不知几千载，一朝成器方见光崚嶒[5]。吾家卫千总，西通宝井逾猛拱，穿山穴地得巨石，役以百夫尚不动，千辇万运始入关，太璞徒完见者悚。粗砂厚皮原自殊，或疑贱质类斌玞[6]。从此抛掷墙阴里，十载无人问有无。天生宝物岂容委，苔藓剥落微见美。卞和纵不三刖足，武夫几遭按剑视。乃付玉人试磨砻[7]，质坚不与凡石比。划然一破天为惊，化作一片碧潭水。继加雕琢发光莹，怀佩杯碗及调羹。一物之成价百倍，万口争传绮罗名。大者徐徐剖作片，新样宫灯十二面。白玉为缘梓木胎，一盏万金价犹贱。或疑黑绿相混欠分明，那识品贵何尝轻自炫。及至绮筵设满堂，高烧红烛云锦张。配以绮罗玉之茗碗，酌以绮罗玉之杯筋。黑者变为春江绿，绿者透为玻璃光。奇花异卉天然无不具，如在沅湘沣浦楚泽旁。有如丛兰风叶举，有如芳荪[8]葩[9]带雨。有如荃两三，有如蕙四五。有如杜若满芳洲，有如蘅芜植高屿。静听流泉暗有声，不知香风来何许。乃知造物本自奇，此公妙手偶得之。天菁地华不自秘，斑驳光怪真陆离。为嘱后人好珍重，如此尤物莫轻用。一朝廊庙聘席珍，首作南方琛赆[10]贡。

（出自贾志伟收藏清代尹艺《廿我斋诗集·卷四》手抄本。）

【注释】

[1] 雪浪石，因宋代苏东坡《雪浪石》诗而得名，产于河北省定州市、曲阳县、阜平雪浪谷等地。雪浪石质地坚润，黑地白脉，纹理清晰，底色为黑、灰黑色，原石裸露的部分常呈黄褐色，白色的纹路如雪花均匀散布于石上，有些石上则有着明快的白色花纹，形似溪水瀑泉、浪涌雪沫，亦如一幅若隐若现的山水画卷。

[2] 孙位，唐末书画家，擅画人物、鬼神、松石、墨竹以及宗教人物，尤以画水著名。孙知微，字太古，道号华阳真人，五代后蜀及北宋初年画家，四川彭山人，晚年隐居青城山。孙知微年轻时曾拜画家孙位为师，其画神形兼备，气势恢宏。都江堰市及青城山各处道观都保留有大量孙知微的壁画。

[3] 欧阳少师，即北宋文学家欧阳修。公元1071年（北宋熙宁四年），欧阳修以太子少师致仕，退居颍州，故有此称。

[4] 鲁公，即唐代名臣、书法家颜真卿，唐代宗时官至吏部尚书、太子太师，封鲁郡公，人称"颜鲁公"。颜真卿书法精妙，擅长行、楷，创"颜体"楷书，对后世影响很大。与赵孟頫、柳公权、欧阳询并称为"楷书四大家"。

[5] 崚嶒（léng céng），指高耸突兀貌，或指高峻的山，比喻特出不凡。《红楼梦》第十七回："往前一坐，见白石崚嶒，或如鬼怪，或似猛兽。"

[6] 碔砆（wǔ fū），亦作"砆碔"，类似玉的美石。西汉王褒《四子讲德论》："故美玉蕴于砆碔。"常用来比喻事物虽然美丽，但并非真正珍贵或有价值。

[7] 磨砻（mó lóng），亦作"磨礲""磨垄"，指磨治，即通过磨的方式来整治或者改善事物。

[8] 芳荪（fāng sūn），香草名。谢灵运《入彭蠡湖口》诗："乘月听哀狖，浥露馥芳荪。"

[9] 葩（pā），花。

[10] 赆（jìn），古同"赆"，临别时赠送的财物。

【思考与练习】

1.理解诗歌内容，用自己的语言讲述绮罗玉问世的传奇经历。

2.诗歌一开始没有直接写绮罗玉，而是用了比较多的篇幅写历代名家的奇石藏品，理解这部分内容，分析这样写的好处。

3.本诗用了较多笔墨描写绮罗玉的神采，请分析这部分描写的写作手法及其作用。

4.结合"知识链接"中《宝石谣》和《宝井篇》两首诗，理解本诗结尾"为嘱后人好珍重，如此尤物莫轻用。一朝廊庙聘席珍，首作南方琛赍贡"的深刻含义。

【知识链接】

宝石谣
[明] 张 含

成化年中宝石重，私家暗买官家用。只在京师给帑银，不牵南夷作琛贡。

林家宝石海内闻，雄商大贾集如云。敕谕林家避科道，恐有弹章皂囊到。

自从嘉靖丁亥岁，采买官临永昌卫。朝廷公道给官银，地方多事民憔悴。

民憔悴，付奈何，驿路官亭虎豹多。钦取旗开山岳摇，鬻男贩妇民悲号。

到今一十四回内，涕泪无声肝胆碎。成化年，嘉靖年，天皇明圣三皇肩。

独怜绝域边民苦，满眼逃亡屋倒悬。屋倒悬，不足怜，只为饥寒多盗贼。

山川城郭尽荒凉，纷纷象马窥封疆。窥封疆，撼边域，经年日月无颜色。

杞人忧天天不倾，浊醪大醉明诗亭。

宝井篇（节选）
[明] 杨 慎

彩石光珠从古重，窈窕繁华争玩弄。

岂知两片弱云鬟，戴却九夷重译贡。

宝井曾闻道路赊，蛇风蜃雨极天涯。

驰传千群随票骑，披图万里逐轻车。

君不见，永昌城南宝井路，

七里亭前碗水铺，

情知死别少生还，妻子爷娘泣相诉。

告滇西父老书

◎李根源

【导读】

李根源（1879—1965年），云南腾冲人，字雪生，又字养溪、印泉，号高黎贡山人，中国近代著名政治家、军事家、教育家、历史学家等。1904年，李根源留学日本振武学堂与士官学校，追随孙中山先生加入同盟会，回国后主持云南支部工作，创办云南陆军讲武堂，与云南新军将领蔡锷、唐继尧等组织发动云南重九起义。历任云南军都督府军政部总长兼参议院院长、云南陆军第二师师长、陕西省省长等职。中华人民共和国成立后，历任西南军政委员会委员、西南行政委员会委员、全国政协委员等职。

抗日战争期间，他任云贵监察使，深入滇西，镇守保山，为云南抗日战争作出了卓越贡献。1942年5月，日寇突破我畹町国门，继而侵占滇西，致使重镇腾冲、龙陵相继不战而失。日军长驱直入，致使怒江防线岌岌可危，保山告急。在此危难时刻，63岁的李根源挺身而出，急电中央，力主以怒江为防线坚守保山，并不顾年老体弱，身患痢疾，请缨赴前线杀敌，于5月24日从昆明出发前往保山，沿途宣慰安民。行至保山，见怒江形势危急，而在缅甸遭受重创的远征军部队亦纪律涣散，李根源力持镇定，召集士绅开会，安定绅民，鼓舞民心士气。6月1日，李根源发表了著名的《告滇西父老书》，通篇充满着杀敌卫国的爱国情怀，号召滇西人民奋起反抗，对稳定滇西局势、坚定保山军民的抗战决心作出了不可磨灭的贡献。

云南是中国的国防重要根据地，居高临下，高屋建瓴，西南控制泰、缅、越，东北拱卫川、康、黔、桂。滇西又是云南西陲的重要屏障，握高黎贡山、野人山的脊梁，襟潞、澜、龙、盈大川的形胜。且为通印度洋国际交通的唯一生命线，我们中国是民主阵线二十六国中四大列强之一，所赖以沟通民主同盟国地理上的联系，全靠滇缅公路一条干道。

自去冬太平洋战争爆发以来，英、美、苏均集中注意力于对抗欧洲轴心领袖的德国，敌国日本利用他一贯的投机取巧的伎俩，乘机攻击实力不足的缅甸。我们站在援助英国盟友的立场上毅然出师援缅，转战千里，足使敌国不敢立刻轻窥印度，而印度亦得到充分准备自卫的时间，在政略上收到很大的效果。中国对远东战争的责任既加重，因此云南对抗战的工作也更为紧张，敌人东窥腾龙，便是云南担负作战之开端。

敌人素来采取一线作战的战略，今既对南洋战局告一段落，必然集中兵力妄想实现其解决中国事件的企图。云南已成战区，滇西即是前线；保卫大云南，须先保卫滇西。而保卫滇西，须先扼住保山。我们1 700余万云南民众，立刻要发挥保省即是卫国的牺牲精神，尤其我们滇西的广大民众，更应当强化保乡即是保省的战斗意志，服从军政长官的指示，推进军民合作的工作，勠力同心，协助作战。我滇西父老要知道，滇西握有天时的便利，地理的形胜，兵精粮足的人和，一切作战条件都是对我有利的。然而军事的胜利，全靠民众的协助，有良好军纪的军队，配合着有训练有组织的民众，一定发挥伟大的力量。这样，敌人必不敢轻举妄动；敌人若不量力，冒险侵入，那么，潞澜川谷中便是他们的葬身窟，这是毫无疑义的。

根源生长迤西，滇西是我的桑梓，也是我父老祖宗坟茔庐墓的所在地。现在敌人打进我们的家乡来了，█████████后滇西公私损失奇重，真所谓生灵涂炭，哀鸿遍野；看看五月█████████遭受兽机的轰炸，颓垣败墙，血肉横飞，迤西重镇化为灰烬，█████████丁，鸦狗群聚，时疫蔓延，举世闻悉，同声愤慨，百年浩劫，惨█████████此，能不动心，扶病西来，冒暑远征。我带来一个衰病老年之█，带来一颗纯洁的赤诚之心，坦白地诚挚地希望诸父老共体时艰，凛然于国难、乡难的加深，大家齐心一致，坚定最后胜利的信心，发挥军民合作的力量，加紧组织民众、训练民众，加强民众自卫，协助军队，尽到守望、运输、救护、侦察、通讯的责任。

我滇西父老诸君，全国甚至全世界人士都重视云南的国防地位，更注视滇西战局的前途。我父老要抱定决心，驱逐敌人退出腾冲，退出龙陵，退出滇西国境以外，甚至退出缅甸。第一步，我们要确实守住保山，作为恢复腾龙的准备。我云南同胞和全国同胞与我同盟国的人士，现均翘首西望，期待着由稳定的滇西战局，一变而为边境歼敌的胜利战场。要确保滇西军事的胜利，端赖我父老发挥自己的力量。民众力量尽到一分，军事力量即增一分。自然，今后军队所需于民众的人力、物力的供给者至巨，敌人在沦陷区域的横征聚敛、荼毒

残杀亦愈凶，而我们滇西民众所遭受的痛苦和牺牲也一定愈来愈大。但苟可有利于国家，有利于抗战者，虽毁家纾难，赴汤蹈火，亦在所不辞。我父老必抱定更大牺牲的决心，始能保住滇西过去历史上的光荣，始能在云南抗战史中占最光辉的一页。根源不敏，愿追随诸父老之后，同心努力以赴之，谨此书告。

里人　李根源

民国三十一年六月一日

（选自《李根源纪念文集》，沈家明主编，云南美术出版社，2005年9月第1版，有删改。）

【注释】

[1] 腊戍，缅甸北部城市，在曼德勒东北约230千米，华人和华侨较多，在中缅陆上交通和贸易中地位重要，附近产茶、多种有色金属矿及红玉等。

【思考与练习】

1. 查阅资料，请用自己的语言概括介绍课文中所讲述的这段云南抗战历史。

2. 认真思考，说一说《告滇西父老书》对于滇西抗战的历史意义，简述滇西抗战对于中国抗日战争的积极意义。

3. 阅读全文，结合当前云南建设面向南亚东南亚的辐射中心的政策措施，说一说你对"云南是中国国防的重要根据地"这句话的理解。

4. 阅读全文，查阅李根源的生平事迹，说一说你感受到李根源等老一辈爱国人士身上怎样的高贵品质。

【知识链接】

腾冲国殇墓园

腾冲国殇墓园位于云南省保山市腾冲市西南1 000米的叠水河畔小团坡下，是为了纪念1944年抗日战争时期为收复腾冲而壮烈牺牲的中国远征军将士及死难民众而修建的，有近万名滇西抗战中为国捐躯的将士和死难民众长眠于此，其中包括3 646名远征军士兵。国殇墓园占地80余亩（1亩≈666.67平方米），于1945年7月7日落成，是全国建立最早的抗日烈士陵园之一。辛亥革命元老李根源先生取楚辞"国殇"作为墓园的设计灵感，将这座烈士陵园命名为"国殇墓园"，用以祭奠那些保卫国家和在战争中牺牲的军民，旨在提醒后人铭记历史，不忘国耻，正是这些英雄们用他们的鲜血和生命换来了今天的和平与安宁。

1944年夏天，为了收复滇西失土，打通西南国际运输大动脉——滇缅公路，使盟国的援华物资顺利进入中国，最终取得抗日战争的胜利，中国远征军第二十集团军以6个师的兵力向占据腾冲达两年之久的侵华日军发起反攻。他们强渡怒江，仰攻高黎贡山，血战南、北斋公房，接着又在盟军配合下，围攻腾冲城，经历大小战斗80余次，终于在9月14日收复了抗战以来的第一座城池——腾冲，全歼日寇6 000余人。远征军也阵亡将士8 000余人，地方武装阵亡官兵1 000余人，10万余民众殉难，盟军（美）阵亡将士19名。他们的牺牲，换取了旷日持久的抗日战争中第一个宝贵的胜利。

墓园按中轴对称进行布局，西南角的小团坡是全园最高处，依次建有墓园大门、甬道、纪念雕塑、忠烈祠、倭冢、烈士墓、烈士纪念塔等建筑。墓园内广植松柏栗竹，环境清幽肃穆。主体建筑忠烈祠前有蒋介石题字及数块石碑，祠内有展厅。

墓园北端的地势较低洼处埋葬了四名侵华日军，他们被反捆双手以下跪的姿势入葬。在坟冢面前还立了四座跪地的日军雕像，让日本侵略者永远面朝我们的抗日英雄谢罪、忏悔。坟冢碑文由李根源先生亲笔题写"倭塚"二字，代表着日本侵略军最终失败的可耻下场。

1994年，中共中央宣传部批准在腾冲国殇墓园的基础上建立"滇西抗战纪念馆"。2013年8月，在国殇墓园东侧改建的滇西抗战纪念馆建成，占地22亩，总建筑面积9 492平方米。

馆藏抗战文物8万余件，设有2个展厅，展厅面积为650平方米。展出内容分为"驿路商旅翡诚""救亡的呐喊""859个日日夜夜——腾冲抗战""炮火中诞生的大动脉""历史的丰碑"五个部分。共展出版面31版，照片168张，战斗序列图2张，抗战示意图9张，被日军残酷杀害的民众统计表1份，浮雕3幅，纪念物3件，抗战实物141件。

1996年国殇墓园被国务院列入全国重点文物保护单位。2017年12月2日，入选"第二批中国20世纪建筑遗产"。同时，国殇墓园也先后被评为全国文物系统优秀爱国主义教育基地、全国青少年爱国主义教育示范基地、全国红色旅游经典景区。

在国家危难的时刻，一群热血男儿抛家舍业，毅然投身民族救国大业，用生命谱写了一曲感天动地的战斗壮歌，也为后来者留下了永远的怀念与敬仰。

这是腾冲的骄傲，更是中国人的骄傲！

为什么会有不如意的事

◎艾思奇

【导读】

艾思奇（1910—1966年），原名李生萱，出生于云南省腾冲市和顺乡水碓村。中国共产党优秀理论家，马克思主义哲学家、教育家。艾思奇毕生致力于研究和宣传马克思主义，在把马克思主义通俗化、大众化、中国化、现实化方面做了大量工作，对马克思主义哲学在中国的传播和发展，使它们成为人民大众认识世界和改造世界的武器作出了卓越贡献。

1934年11月至1935年10月间，年仅25岁的艾思奇在《读书生活》半月刊上连载了24篇哲学讲稿，后结集成书，这就是著名的《大众哲学》。这本书用通俗生动的语言、新颖的叙述方法、日常浅显的事例，阐明深刻的马克思主义哲学思想，把哲学从学术的金字塔中解放出来，成为群众手里进行现实斗争的尖锐武器。《大众哲学》出版后广受欢迎，特别是在青年中影响更大，起到了马克思主义哲学的启蒙作用，引导人们追求真理、探寻改造中国与世界之路，让越来越多的青年从社会发展的总趋势上认清中国的前途命运和历史走向。许多青年在其影响下奔赴延安走上革命道路。这本书仿佛革命的火炬，为马克思主义更广泛而深入地传播照亮了前路，以致蒋介石也无可奈何地承认："一本《大众哲学》，冲垮了三民主义的思想防线。"

《大众哲学》全书共五章，第一章绪论主要讲哲学与日常生活的关系、哲学是什么两个问题，第二章至第五章分别阐述唯心论、二元论和唯物论、辩证唯物论的认识论、唯物辩证法的基本规律、唯物辩证法的主要范畴等。《为什么会有不如意的事》出自第二章，原文副标题为"辩证唯物论"，文章深入浅出地介绍了辩证唯物论的基本原理及如何运用辩证唯物哲学原理来解决现实问题的方法。学习本文，理解文章关于辩证唯物哲学的基本观点，以及缜密的逻辑条理。

在日常生活中，我们常常会碰到许多不如意的事情。举最简单的例子来说：天气冷了，如果我们衣服准备得很少，那么即使心里想不受冻，也不可能。在反动派统治的穷人很多的都市里，每年冬天要冻死很多人，这些人是不是自己愿意死呢？当然不是，但是他们还是死了，这在他们就是大不如意的事。抗日战争开始的时候，为什么会有速胜论的思想出现呢？就是因为中国有一部分人幻想马上得到胜利，但是抗战却持续了八年，对于他们说来又是不如意的事了。共产主义社会是很好的理想，但中国革命必须分两步走，只能首先取得新民主主义革命的胜利，然后进一步过渡到社会主义，到较远的将来再实现共产主义；如果我们希望现在就实现共产主义，那么事情对于我们也要不如意的。照这样，我们可以举出无数的例子，证明我们常常会遇到不如意的事。

我们如果把一切不如意的事情总括起来，仔细地想一想，那么我们就不能不承认一个道理，就是：世界上的一切事物，是在我们的主观心意之外独立存在着，它们的发展变化的情况不是依赖我们的心意为转移的。世界上的事情，决不是我们随便想要怎样便会怎样，相反的，常常是我们希望这样，而偏偏事实上就不会这样。如果我们按照主观唯心论的思想，想要单凭我们的主观心意去随便决定一切事物，想要一切事情都照我们主观向往地去做，例如硬要在中国立刻实现共产主义，硬要计划使抗战三个月胜利，那结果怎样呢？结果只有一个：就是做不通！也叫做碰钉子。主观唯心论不对，那么客观唯心论又怎样呢？我们的主观心意既不能随便决定事物，那么是不是也可能有一种非常伟大的客观存在的心意，能够对一切事物起决定作用呢？是不是有神灵呢？那么，也请试一试吧，就照着求神拜佛的公式，做一番祈祷吧。冻死的人能因祈祷而复活吗？持久战能因祈祷而变为速胜的吗？显然是不能的。读历史的人，都知道四五十年前，中国曾有过一次义和团运动，这个运动的目的，主要是反对"洋人"，表现了中国农民对帝国主义侵略的英勇反抗。但是这个运动的领导者是用迷信落后的方式来组织群众，标榜能够用一种神术，抵御枪炮，打退洋鬼子。结果怎样呢？结果大家都知道，神术毫不灵验，义和团的群众成千成万的壮烈牺牲了，八国联军还是打进北京城里来了。这类历史的事实，足够证明，世界上的事物决不受任何神灵的支配，也不受任何类似神灵的客观心意的支配。

世界上的事物既不受我们人的主观心意随便支配，也不受客观神的心意支配，这一点既然得到证明，那我们就不能不承认，世界的一切现象，根本上是物质自己的变化、物质自己的发展。物质变化发展的最后原因，不能从精神力量里去找，而只能在物质自己的内部关系和相互作用中去找。衣服少了受冷，是北风跟我们的皮肤发生作用。日本的帝国主义的侵略和中国广大人民的反抗运动发生关系，就造成持久战的局面。帝国主义、封建势力、官僚资本对于中国人民的压迫和剥削的作用，就激起了广大人民的新民主主义革命的斗争。总之，物质内部和物质相互间发生关系和作用，就形成世界一切事物千变万化运动发展的现象。如果你再仔细研究和思考一下，你就会发现，各种物质的内部关系和相互作用，都有一定的特点，这些关系和作用所表现出来的事物的变化发展，也有一定的经过和结果，一定的秩序和过程。北风吹在皮肤上所给予的感觉一定是冷，而不是热。在冷风中不穿衣服，经过相当的时间人一定冻死；中国广大人民反抗日本帝国主义一定要经过持久的战争，而结果日本侵略者一定要失败。我们可以举出无数的例子来证明事物的内部关系和相互作用以及它们的发展变化，都有一定的特点和一定的过程，这种一定的特点和一定的过程，就叫做事物发展的规律。世界上的事物，就是依照本身所具有的一定的规律变化发展，并与其他事物发生关系。它们之所以一定要如此发生关系和作用、一定要如此发展和变化，这是它们自己的规律使然，而不是由于人的心意支配或者鬼使神差的结果。

现在我们可以懂得，为什么在我们日常生活中，常常有不如意和碰钉子的事了。这个世界是在我们的心意之外独立地存在着的物质世界，世界上的一切事物都依照它们自己本身的规律变化发展，不管我们的心里高兴不高兴，愿意不愿意，它总是要按照它自己的规律变化发展。我为什么会有不如意的事呢？因为我主观的心意里所希望的，我所高兴愿意的，常常与客观事物本身的规律不符合，在这种时候，事物是服从我的主观愿望呢？还是各自按照它本身的规律变化发展呢？当然它一定不会服从我的主观愿望，而一定要照它本身的规律变化发展。因此，事情的发展当然就不如我的意了。俗语说，"癞蛤蟆想吃天鹅肉"，癞蛤蟆能够捕水边的虫子，但不能捕空中的天鹅，这是物质的一定的规律。如果你所希望的事情和物质规律相违背，例如说，要想在冬天的田地里种出西瓜来，要希望在冷天光着身子迎风而不发抖，要希望人能长生不老，那你就必定要落一个"癞蛤蟆想吃天鹅肉"的笑柄。如果你不肯服气，一定不顾事实的规律，一定要依照你所希望的去做，那么，请试试看吧，包管你费尽了天大的力量，还是得不到半点结果，还是要失败，碰钉子！

世界上的事物是千种万样，从日常生活的小事到国家大事，从地上的河流山川，到天上的日月风云，每一事物，都有它自己的规律，和别的事物的规律不同。我们研究各种事物的规律，可以发现其中有某些规律是各种不同事物的共同的规律，这些共同的规律我们叫做普遍规律。例如过去人类历史上出现过各种不同的社会，但除了原始共产主义社会和将来要在全世界实现的共产主义社会之外，各种人类社会的发展规律，都是通过阶级斗争的，这就是一切阶级社会所共通的普遍规律。又例如不论自然界或人类社会的一切现象，它们的变化发展都是不会违背辩证法的法则的，所以辩证法又是一切事物变化发展的最普遍的规律。但是，除了这些普遍规律之外，各种不同的具体事物的发展过程又各自有着它的特殊性，有着与别的事物互相有区别的特殊规律。植物生长的规律和动物不同，各种动物的生长规律又互相不同。中国抗战是持久战，是经过防御、相持、反攻的三阶段，是以游击战为主而辅之以运动战。苏联对希特勒德国的战争却比较迅速地得到胜利，并且只经过防御和反攻的阶段，而采取的战术是正规战争而不是游击战争。不同的事物，其规律性也有不同的特殊表现。因此，我们的思想和愿望，对于不同的事物，也要分别对待。如果对于不同的事物，我们只有一个简单的想法和愿望，那么，我们的这种想法和愿望，即使能适合此一事物的规律，但却一定要违背另一事物的规律，在此一事物上能够如意，在另一事物上却要碰钉子。例如我们相信广大中国人民尤其是工农群众一定能坚决抗日，这种想法是合乎事实规律的，但是如果我们对于蒋介石代表的一部分参加抗日民族统一战线的大地主大资产阶级，也以同样简单的想法去对待，说他们也是中国人，以为他们也一定坚决抗日，那么，事实的规律就要打破你这一个幻想，就要给你碰钉子。在抗战中间，的确有一些人碰了这样的钉子。由于这个钉子的教训，这些人才知道要把大地主大资产阶级和广大人民分别看待，才知道正确的政策是放手发动广大人民，是首先团结和组织广大的劳动群众来进行战斗，而对大地主大资产阶级，却要经常警惕他们的投降倾向，和这些倾向作坚决斗争，加以揭露、打击，而不是对他们抱片面的幻想。

总之，任何事物发展的规律，都有其普遍的方面，又有其特殊的方面。研究事物的规律时，自然不能忘记它的普遍的方面，但尤其要注意它的特殊的方面。也就是说，由于不同的事物有不同的规律，因此我们也就要用不同的看法、不同的态度来对待它们，才能够免于碰钉子。如果我们不懂得这一点，只看见事物的普遍规律而不注意在不同事物里的不同的特殊规律，因此就用一种简单的看法去对待一切事物，这样就会要犯叫做"公式主义"的错误。"公式主义"是什么？我们已经讲过，它是一种客观唯心论，它以为世界上有一种客观存在的死的思想公式，能够支配一切事物，因此只要我们仅仅抓着这一个死的公式，就能够当做万应灵药，来对付一切事物。其实，如果我们让自己的思想和愿望受到死的公式的束缚，而不能适应各种不同的事物规律，那我们所有的，将不是万灵药，而是到处使我们碰钉子的有害的毒药！

（选自《大众哲学》，艾思奇著，生活·读书·新知三联书店，1979年3月第1版。）

【思考与练习】

1. 通读全文，理解这篇文章的思想内容和写作思路。

2. 关于"为什么会有不如意的事"这个常见的问题，艾思奇是如何从哲学的角度进行阐释的？又提出应如何对待"不如意的事"？

3. 举例论证是本文的主要论证方法，请找出几处进行分析说明。

4. 课外阅读《大众哲学》和《哲学与生活》，初步了解马克思主义哲学思想，以及艾思奇在传播马克思主义理论方面所作出的重大贡献。

【知识链接】

腾冲和顺古镇艾思奇纪念馆

云南腾冲和顺古镇是我国著名哲学家艾思奇的故乡，艾思奇纪念馆就坐落在这里。纪念馆在艾思奇故居基础上翻修改建，这是一座砖石楸木结构、中西合璧的四合院，房屋原是艾思奇父亲李曰垓于1918年建成。1980年，艾思奇夫人王丹一经与亲属商定，将艾思奇故居捐赠给原腾冲市人民政府。1984年10月1日，经修缮后的艾思奇纪念馆正式对公众开放。此后，王丹一再次将艾思奇生前遗物137件，无偿捐赠给艾思奇纪念馆展室。

纪念馆前临元龙幽潭，后枕凤山，地势高旷，环境优美，建筑中西合璧，工艺精湛，美观别致。纪念馆总面积2 345.8平方米，陈列室面积约150平方米，现有藏品681件/套。

馆内陈列展出艾思奇生平图片和实物，分为"艾思奇生平""《大众哲学》的创作背景""《大众哲学》的历史贡献""以人民为中心的发展思想——习近平新时代中国特色社会主义思想中的人民情怀"四个部分，图文并茂地展出了艾思奇的人生轨迹和哲学贡献，介绍了艾思奇的研究成果和对中国哲学科学的多方面贡献。纪念馆现为云南省重点文物保护单位、云南省爱国主义教育基地。

艾思奇1910年出生于云南腾冲和顺水碓村，其父李曰垓是一位民主革命家，在中国古典哲学方面有很高造诣，曾参加过孙中山先生领导的云南民主革命和蔡锷领导的"护国战争"，在护国讨袁斗争中任蔡锷护国军第一军秘书长，是《护国军出师讨袁檄文》的主要起草人之一。其长兄李生庄是"五四"时期云南学生运动领导人之一。在父兄的影响下，艾思奇从小就受到民主革命思想和哲学知识的熏陶。艾思奇14岁时赴香港读书，在香港期间，艾思奇打下了坚实的英文基础，并自修德语。17岁和20岁时，艾思奇抱着"工业救国"的思想两次东渡日本留学。在日本留学期间，艾思奇认识到光凭工业不能救国，必须在思想上唤醒民众。这一时期，他读了许多英、德、日文版的马克思主义著作，奠定了成为一名马克思主义哲学家的理论基础。

回国后，艾思奇先在上海泉漳中学任教，后到《申报》流通图书馆主持"答读者问"栏目，参与创办《读书生活》杂志，还创办"量才业余夜校"并任教员。1934年，艾思奇把在夜校的哲学讲稿整理成"哲学讲话"，分24期在《读书生活》杂志上发表，随即被国民党查封。1935年，艾思奇加入中国共产党，也在这一年，他把"哲学讲话"修改后以《大众哲学》的名称出版，他用最通俗的语言，最普通、最生动的事例，把"新哲学"介绍给当时的大众和青年学生，一出版就引起轰动，被亲切地称为"大众哲学家"。

《大众哲学》引导当时无数青年认识到马克思主义思想，从而投身革命、奔向延安。远在延安的毛泽东对艾思奇所著的《大众哲学》及《哲学与生活》爱不释手，认真阅读抄录，并指定为抗日军政大学的教材。1937年，艾思奇到达延安，先后在抗日军政大学、陕北公学、马列学院做过哲学教员，担任过陕甘宁边区文协主任，《解放日报》副总编辑和总编辑，中央宣传部文化工作委员会秘书长、新华通讯社副总编辑、延安新哲学会负责人。

艾思奇一生留下大量光辉著作，出版《新哲学论集》《思想方法论》《民族解放与哲学》《哲学与生活》等著作，还著有《辩证唯物主义纲要》等多篇哲学论著。他根据马克思主义经典著作和学术界研究的最新成果，紧密联系时代特点和中国革命的具体实践，系统地阐述了马克思主义哲学的基本原理，提出了自己关于马克思主义哲学中国化的新见解，为推进马克思主义在中国的传播和普及作出了卓越贡献。毛泽东在他的悼词上写下"党的理论战线上的忠诚战士"题词。

习近平总书记在和顺古镇考察调研时指出，艾思奇同志是党的优秀理论家和杰出理论工作者，他倡导的思想与时代相结合、理论与实际相结合、哲学与人民相结合的精神，要继续发扬光大。

今天我们学习艾思奇的光辉事迹，就是要学习艾思奇坚持和弘扬理论联系实际的学风，推动马克思主义走出书斋、走向社会、走进群众，把深奥的哲学原理用通俗的语言、生动的事例讲出来，把理论活用到大众的生活中去，为继续推进当代中国马克思主义大众化，更好地用习近平新时代中国特色社会主义思想武装全党、教育人民，为实现中华民族伟大复兴作出新的贡献。

（资料来源：中国社会科学院官方网站和百度百科，有修改。）

创世纪 · 开天辟地

◎傈僳族创世古歌

【导读】

傈僳族是一个具有悠久历史和灿烂文化的山区农耕民族，从形成单一民族到现在已有2 000多年的历史。傈僳族信奉万物有灵的自然崇拜，在他们的认知里，山川、河流、日月、星辰、动植物等，都为神灵所支配，山有山灵，水有水神，树有树鬼，几乎所有的自然事物都是他们信仰和崇拜的对象。很多具有民族特色的起源图腾神话被广泛流传，比如《创世纪》《天·地·人的由来》《我们的祖先》《猎神》《山神》等。

《创世纪》是傈僳族最古老的调子，是傈僳族古老信仰、悠远文化、政治经济等综合性的历史沉淀物。全诗共12章节，20多万字，记载了"开天辟地""人类来历""洪荒时代""人生哲理""伦理道德"和傈僳族的迁徙足迹，涉及哲学、宗教、占卜、艺术、牧耕、医药、道德、战争等内容，是傈僳族历史发展的百科全书。

作为一种固定的调子，《创世纪》多用于傈僳族最庄严肃穆的宗教仪式。丧葬仪式中的送魂调是《创世纪》中最经典的部分之一，相对固定和稳定。古时候，傈僳族还未形成文字，《创世纪》由傈僳族中的智者"比帕"世代口口相传。"比帕"是傈僳族的祭司，主要职能是主持丧葬、祭礼、治病、占卜等。目前，熟知傈僳族历史的"比帕"越来越少，且大多年事已高，传承工作后继无人，面临失传的困境。

傈僳族古歌分为"木刮""摆时""优叶"等歌种，其中"优叶"是云南省怒江傈僳族自治州最具代表性的傈僳族山歌之一，包含多种富于民族个性的艺术表现手法，如多声唱法、颤音唱法、衬词运用等。

优叶、啊、瓦叶……
传说在远古时期，
只有天没有地，
天的四边没有东西托着，
像一块浮动的云彩，
晃晃悠悠。

那时有个勤劳的天神木布帕，

力大无比，

行走如飞，

当他看到天没有东西托，随时都有掉下来的危险时，

决心捏个地。

于是他辞别了父母妻儿，

木布帕穿云破雾，

来到天底，

昼夜不停地捏着地球，

捏成一块平地，

然后种上花草树木，

同时捏好飞禽走兽。

后来他捏成的地方，

都鲜花盛开，

百鸟争鸣，

虎吼猿啼，

十分热闹。

地球虽然缺一块边，

但是，

从此地球支撑着天，

天笼罩着地，

天为雄，

地为雌，

天地配成了一对夫妻。

不要忘记祖先教下的道理，

明年让我们再吟唱创世古歌，

就让我们先吟唱到这里，

世世代代不要忘，

祖先教下的道理不要忘，

明年再来吟唱吧。

（选自《傈僳族创世古歌〈创世纪〉》，云南民族文化音像出版社，2020年8月第1版。）

【思考与练习】

1.通读课文，说说《创世纪·开天辟地》为我们讲述了傈僳族的什么故事，体现出傈僳族怎样的民族信仰。

2.查阅资料，分析《创世纪》古歌形成的历史及原因。

3.结合课文，查阅《创世纪》的相关资料，简析为什么说"《创世纪》是傈僳族历史发展过程中的百科全书"？

4.中国是一个有故事的国度。灿若繁星的民间故事历久弥新，广泛而深刻地影响着中国人的思想行为，塑造着以爱国主义为核心的民族精神。以班级为单位，组织一次以"讲好民间故事"为主题的民间故事推介活动，让民间故事走上舞台，回归民间，守护文化根脉，共建精神家园，用故事聚焦当代中国，用精彩的故事点亮今日中国人的心灵，用迷人的故事演绎动人的中国梦。

实践活动

徐霞客在云南的那些日子

——与徐霞客有关的旅游景点视频推介活动

　　数百年前，徐霞客用脚步探寻九州大地，走进云南，足迹遍及今天的曲靖、昆明、玉溪、大理、丽江等10个州市的46个县境，用时1年零9个月，行程3 000余千米，为后人辑成《滇游日记》，《滇游日记》占整部《徐霞客游记》五分之二的内容，用近25万字的篇幅来描述云南的山山水水和风土人情。云南也成为徐霞客一生中逗留时间最长、行程最远、记录文字最多的省份。徐霞客几乎登临了云南所有的名山大川，他不仅沉醉于云南壮丽的河山，还将当时尚属"蛮荒之地"的神秘滇西南展示给世人。直到今天，他仍在为云南的推广作着特殊贡献。徐霞客滇游时所到之处，如今大多已成为云南旅游的著名目的地，不少景区蜚声海外。

【活动目的】

　　1.了解徐霞客在云南的足迹，感受徐霞客对云南山川饱蘸深情的赞美和讴歌，增加对徐霞客与云南旅游的知识积累。

　　2.能自主收集整理资料，结合图片、文字、视频，制作旅游景点推介视频，并能用流畅简洁的语言解说推介，提高口语表达能力。

【活动流程和要求】

一、活动准备

1.成立活动小组，制定活动方案，进行小组成员分工。

2.各小组沟通确认，所选景点尽量避免重复。

3.撰写景点推介稿，突出重点、亮点，凸显徐霞客与相关景点的联系和记载。

4.搜集整理图文资料，总结素材，制作与推介词相匹配的视频。

5.小组预演，参加班级"徐霞客在云南"主题旅游景点推介会。

6.推荐或选举推介会主持人2人，主持人做好相关准备工作：了解各小组选择的景点，安排各小组解说顺序，布置会场，准备主持词和各部分串词。

7.组织成立班级活动评委团，制定评分规则。

二、活动流程和内容

1.主持人致开篇词，宣布推介会出场顺序。

2.介绍班级活动评委团成员和评分规则。

3.各小组按顺序依次推介所准备的景点。

4.全班同学投票，评委团给出分数，评出最佳推介稿3篇、最美视频3个，评选出最佳学习小组3个。

5.教师总结点评，给出指导性意见。

三、成果展示

1.在全年级展示优秀作品。

2.将优秀视频和推介稿投放到公众平台，供其他人观看学习。

【总结评价】

小组成员总结评价表

指标		分值	要素	得分
态度	参与程度	10分	主动积极并全程参与	
	合作意识	10分	能与组员合作完成任务	
过程	活动准备	10分	主动提出建议和设想，完成所分配的准备任务	
	实践体验	10分	积极参与PPT制作、文稿撰写、解说等活动，全程认真聆听	
收获	应用能力	15分	锻炼和提高了收集整理资料、制作PPT、撰写推介稿和当众解说的能力	
	人文素养	15分	积累相关知识，深入了解徐霞客的生平经历和相关景点知识	
总分				
等级	优秀		良好	一般
总结				

滇西旅游精品线路

腾冲热海介绍

滇西"火山热海边境旅游区"包括德宏傣族景颇族自治州和保山市。

线路一：滇西火山热海边境游

具体线路：保山—高黎贡山—腾冲—瑞丽—芒市。

线路简介：该线路旅游文化资源丰富，既有适合康体休闲度假的火山、地热资源，还能游览"南方丝绸之路"上的名胜古迹，欣赏边境的自然风光和田园景色。

保山：保山古称永昌，位于云南省西南部，是中国通往南亚、东南亚乃至欧洲各国的必经之地。保山是古代中国西南地区对外开放的前沿，是云南省开发较早的地区之一。澜沧江、怒江、龙川江穿境而过，现辖隆阳区、腾冲市、施甸县、龙陵县、昌宁县。

高黎贡山：高黎贡山是国家级自然保护区、世界生物圈保护区、三江并流世界自然遗产的重要组成部分，是具有国际意义的陆地生物多样性关键地区、具有国际重要意义的A级保护区。高黎贡山素有"世界物种基因库""世界自然博物馆"的美称。在高黎贡山上，从青藏高原到中南半岛以及本地种属的动植物都可以见到，很多古老物种被保存下来，于是高黎贡山也就成了中国云南这个世界"动物王国""植物王国"中最巨大也最宝贵的一片领土。

腾冲：腾冲市是著名的侨乡、文献之邦和翡翠集散地，也是省级历史文化名城。腾冲由于地理位置重要，历代都有重兵驻守，被称为"极边第一城"。腾冲旅游景点众多，主要有火山地热国家地质公园、热海景区、叠水河瀑布、北海湿地保护区、国殇墓园、艾思奇故居等。

火山地热国家地质公园内有97座火山，其中火山形态保存完整（有火山口、火山锥）的有25座，被誉为"天然地质自然博物馆"。著名的火山有大空山、小空山、黑空山等。腾冲火山具有时代年轻、活动频繁、分布密集、种类较齐全和形成地质条件特殊等特征，地下岩浆至今仍在活动，为腾冲温泉提供了源源不断的热能。腾冲目前发现有64处地热活动区，温泉群达80余处，最高水温达96.3 ℃，面积约9平方千米的范围内，各种地热景观类型丰富，按化学成分来分，可分为碳酸泉、硫黄泉、硫酸泉等。

和顺古镇位于腾冲西南4 000米处，是云南省著名的侨乡。600多年来，中原文化、西洋文化、南诏文化、边地文化在这里交融碰撞，形成了独特的侨乡文化和马帮文化。和顺自古有崇文尚教的优良传统，明清两朝，这里出了400多名举人、秀才，是缅甸四朝国师尹蓉、翡翠大王张宝廷、著名哲学家艾思奇的故乡。和顺旅游资源得天独厚，自然景观和人文景观各具特色，文化底蕴深厚，保存比较完整的明清古建筑群有100余处，兼具中式、欧式、南亚等建筑风格和元素，古民居、闾巷、月台、寺庙、宗祠、洗衣亭、古树名木众多。

瑞丽：位于云南省西部，西北、西南、东南三面与缅甸山水相连，村寨相望，毗邻缅甸国家级口岸城市木姐，是中国唯一按照"境内关外"模式实行特殊管理的边境贸易区。瑞丽是中国西南地区最大的内陆口岸，是重要的珠宝集散中心，是首批中国优秀旅游城市之一。瑞丽还是中国17个国际陆港城市之一，也是中缅油气管道进入中国的第一站。瑞丽的主要景点有一寨两国、姐告口岸、莫里瀑布等。

芒市：芒市是德宏傣族景颇族自治州府所在地，意思是"黎明之城"。芒市是云南西边的窗口，也是德宏的政治、经济、文化中心和中缅文化交流的窗口。芒市是通往瑞丽、陇川、盈江、梁河，直到缅甸的交通枢纽和商贸物资集散地。芒市有菩提寺、五云寺、树包塔、中缅友谊树、滇西抗战纪念碑、勐巴娜西珍奇园、勐焕大金塔、银塔等著名景点。

线路二：滇西抗战文化游

具体线路：腾冲滇西抗战纪念馆+国殇墓园—龙陵松山战役旧址—滇缅公路—惠通桥—抗日江防遗迹群。

线路简介：该线路主要展示了滇西抗战留下的几处重要的历史遗迹，可以在旅游中探寻历史、感受文化，接受爱国主义教育。

滇西抗战纪念馆：位于腾冲国殇墓园东侧，2013年8月15日落成并对外免费开放。纪念馆馆舍建筑采取框架结构，呈"V"字形，寓为胜利之意。馆内收藏抗战实物10万余件，展出实物18 000件，图片1 500多张。展厅分为抗战后方、御敌前线、怒江对峙、绝地反攻、逐寇出境、老兵不死、祈愿和平7个部分。在纪念馆西侧建有中国远征军名录墙，全长133米，镌刻着中国远征军将士、盟军将士、地方抗战游击队、地方参战伤亡民众、协同参战部队和单位人员姓名。在纪念馆东侧建设了警钟广场，于2014年8月15日开放。

国殇墓园：位于腾冲市城西南1 000米处的叠水河畔、来凤山北麓，是为纪念抗日战争时期中国远征军第二十集团军攻克腾冲战斗中阵亡将士而建的墓园，目前是中国规模最大、保存最完整的抗战时期正面战场阵亡将士纪念陵园。

滇西抗战纪念馆与国殇墓园一起全面再现了辉煌的滇西抗战历史，对研究和再现滇西抗战历史、缅怀先烈、祈愿和平、对外交流发挥了巨大作用。

松山战役旧址：位于龙陵县东22千米处。松山战役历时3个月零3天，期间发生了大小战斗百余次。松山战役是滇西抗战中的关键性战役，是中国战略反攻阶段转折性战役，是中国军队首次歼灭一个日军建制联队的战役，被美国西点军校作为第二次世界大战中山地丛林攻坚战经典战例录入教材。当年的坑道、堡垒仍保存完好，现在松山战役旧址已成为国家重点保护文物。

滇缅公路：云南省到缅甸的公路。滇缅公路于1938年开始修建，动用民工20万人、工程师200人，公路与缅甸的中央铁路连接，直接贯通缅甸原首都仰光港。滇缅公路原本是为了抢运中国国民党政府在国外购买的和国际援助的战略物资而紧急修建的。随着日军进占越南，滇越铁路中断，滇缅公路竣工不久就成为中国与外部世界联系的唯一的运输通道。这是一条诞生于抗日战争烽火中的国际通道，是一条滇西各族人民用血肉筑成的国际通道，在第二次世界大战中发挥了重要作用。

今天云南境内的900多千米的滇缅公路大多已经改造，留下的遗址很少，现在仅存龙陵县松山脚下这段20余千米的滇缅公路保留段（弹石路）作为历史的见证。这段老弹石路面在当地被称为"搪石路"，意思是用锤头把石头砸碎后铺在路面上形成的路，后来慢慢演变成了如今的"弹石路"。

惠通桥：位于施甸县与龙陵县分界的怒江上，素有"天堑"之称，是保山通往德宏乃至境外的交通要道，是怒江上最具传奇色彩的桥梁，同时也是滇缅公路的一座重要桥梁之一。惠通桥被称为"抗日功勋桥"，从1938年12月至1942年5月，共有45万多吨的国际援华物资通过惠通桥运往后方。1942年5月3日，中缅边境要地畹町失守，云南遮放、芒市、龙陵等地被日军占领，中国远征军被迫撤离。5月4日，日军沿滇缅公路，直逼惠通桥西岸。为了阻挡日军的行军步伐，抗战部队决定炸毁惠通桥。最终两岸对峙2年，给抗战胜利争取了大量缓冲时间。直到大反攻后，中国重修惠通桥。重修后的大桥保障了前线11个师的弹药运送，月运输量达万吨以上，为抗日战争的最后胜利作出了不可磨灭的贡献。中华人民共和国成立后，新建的钢骨水泥大桥落成通车，惠通桥才退出了历史舞台。

抗日江防遗迹群：位于保山市隆阳区和施甸县境内的怒江东岸沿线，是抗日战争时期少有的工事种类丰富、规模宏大的军事防御设施。1942年，日寇侵占怒江以西大片国土，中国远征军在全长125千米的怒江东岸修筑了江防线，明碉暗堡林立，堑壕、交通壕纵横，构筑指挥工事120所，各类火力工事1 300余处，修通江防沿江渡口便道310余千米。

延伸阅读

滇西抗战和中国远征军

滇西抗战

1931年，日本帝国主义阴谋发动九一八事变，侵略我东北三省。1937年，日本又制造卢沟桥事变，大规模侵略中国。我国同胞毅然奋起抗战。日军侵占我国大部分领土及东南亚各国后，断我海陆交通，阻我战略物资运输。为开通陆上国际通道，我国发动滇西百万民工，修筑滇缅公路，为抗日战争作出了巨大贡献。

1942年春，日军进犯缅甸。中国政府为保滇缅公路的畅通，应英国政府之请，派遣10万远征军，急驰援缅，重创日军。

4月，战局逆转，中国远征军一部西撤印度，一部辗转回国。日军以第五十六师团6个联队及第二师团、第十八师团各一部，进犯我西南国门。5月3日，进犯畹町。4日，占芒市，陷龙陵，狂炸保山。5日，进犯怒江，妄图占保山，侵昆明，觊觎重庆。在此危急之际，我惠通桥守军，毁桥阻敌。第三十六师一〇二八团急驰保山，予敌以迎头痛击。10日，日军占据腾冲。我怒江以西国土，相继沦陷。

邑人云贵监察使李根源，为民请命，急赴保山，鼓动军民，坚守怒江，遂成敌我隔江对峙之势。日军在沦陷区内，烧杀淫掠，平民惨死9万余人，房屋被毁2.8万多间，损失财产合计金币7 394亿元，损失粮食3 200余万千克。

保山地处抗日前沿，先后遭日机520架次狂轰滥炸，造成人员伤亡、财产损失巨大。仅5月4日，即被炸死居民及回国难侨1万多人，炸毁房屋3 267间。炸后，引起霍乱、鼠疫流行，城乡居民死亡6万多人。

我滇西各族同胞不甘沦亡，毅然奋起，展开游击，配合军队，内惩汉奸，外御强敌。我远征军重振旗鼓，新任司令长官卫立煌，率16万英勇将士，驰赴保山，在盟国顾问团和陈纳德飞虎队空军支援下，于1944年5月，策应我驻印军缅北作战，兵分两翼，大举反攻。

右翼第二十集团军，以霍揆彰为总司令，率第五十三军、第五十四军及预备二师等部，于5月11日强渡怒江，仰攻高黎贡山。血战九日，克烫习山、大塘子、马面关、南北斋公房，越高黎贡山，向侵腾日军发起攻击。次第攻克飞凤山、宝峰山、来凤山后，合围腾冲城。日军盘踞该城，密缮守备，堑壕纵横，堡垒棋布，凭坚死守，我军不顾牺牲，前仆后继，猛烈攻城，经40余日激战，于9月14日，全歼顽敌，收复腾冲。

左翼十一集团军，以宋希濂为总司令，率第二军、第七十一军及第六军新编三十九师等部，于5月29日强渡怒江。第七十一军攻击腊勐、松山，扫荡大石头、蕨厂及大水河之敌，向龙陵推进；第二军攻击平戛，挺进象达。松山之敌，据险筑垒，居高临下，坑道纵横，电网交织，异常坚固。我炮兵、空军轮番轰击，未能全摧。新编二十八师拼死赴难，激烈鏖战，攻克腊勐、竹子坡、阴登山敌阵，伤亡惨重。继调第八军接攻松山，次第攻下滚龙坡和大垭口后，暗掘坑道数百米直达敌堡之下，以3吨TNT炸药将山巅敌堡炸毁，顽敌灰飞烟灭。此役历时90余天，于9月7日，收复松山。与此同时，敌我激烈争夺龙陵，两进两出。继调第二百师、三十六师驰援，经激烈攻战，荡平龙陵外围诸据点，三面合围龙陵。11月3日残敌向芒市狼狈逃窜，龙陵光复。

腾龙既复，两翼并肩西进，相继克复芒市、遮放。1945年1月20日，收复畹町。至此，滇西失土全部光复。

滇西战役，历时8个月零16天，共歼日军22 600多人，我军伤亡64 860余人。

1943年3月，中国驻印军6万将士，一面筑路，一面进攻缅北之敌，亦大获全胜。1945年1月27日，中国远征军与中国驻印军、盟军胜利会师于缅境芒友。滇缅、中印公路胜利打通。

滇西抗战，创全歼日军之范例，开收复国土之先声，国人深受鼓舞，盟国为之振奋，其间滇西人民功不可没。仅保山地区就出动支前民工20多万人，修公路，建机场，筑工事，运军粮，送弹药，抬担架，牺牲民工24 600多名。其中，保山就补充兵员2万多名，贡献民工1 542万多工日，死亡民工3 850余人，出动骡马119万多工日、驮牛32万多工日。死亡牛马5 900多头，供应军粮大米3 580万公斤，马料445万公斤，猪牛肉232 000多公斤，其他物资不计其数。

海外侨胞爱国爱乡，出钱出力，共赴国难。南洋侨领陈嘉庚，组织华侨机工3 000多人回国运送抗日军需，1 000多名机工为国捐躯。保山旅缅侨领梁金山，动员华侨，捐资修建惠通桥，捐献汽车80辆，抢运抗战物资。

中国军队和滇西人民在抗日战争中，不畏强暴，不甘沦亡，为正义献身，为和平而战，其反抗日本帝国主义侵略之伟大爱国精神，光照日月，永垂青史。

中国远征军

中国远征军是1942—1945年抗日战争进入最艰难阶段、为保卫中国西南大后方和打通抗战"输血线"而出征滇缅印、抗击日寇的英雄部队，是中国与盟国直接进行军事合作的典型代表。中国军人在滇缅印战场以巨大的牺牲换取了自甲午战争以来中国军队首次征战的彻底胜利，向全世界表明了中华民族伟大的国际主义和民族牺牲精神，对亚洲太平洋战场和整个世界的反法西斯战争的胜利作出了重要贡献，立下赫赫战功。

全面抗战爆发后，由于中国的工业基础薄弱，急需大量物资和外援，遂于1938年初修筑滇缅公路。来自滇西28个县的20万民众在抗日救国信念鼓舞下，自带口粮和工具，风餐露宿，劈石凿岩，历时10个月，在高山峡谷激流险滩上，沿滇西、缅北990千米的山野，用双手和血汗修筑了滇缅公路。其间因爆破、坠岩、坠江、土石重压、恶性痢疾等而死去的民工不计其数。滇缅公路于1938年底通车，从此成为中国抗战的输血管。

抗战开始后，日寇谋图以武力强迫中断"第三国"的援华活动。1939年冬，日寇占我南宁，断我通越南海防的国际交通线。

1940年春，日寇对滇越铁路狂轰滥炸；6月迫使法国接受停止中越运货的要求。尽管如此，日寇并不罢休，9月侵入越南，并与泰国签订友好条约，滇越线全面中断。滇缅公路成了唯一的一条援华通道。

缅甸是东南亚半岛上具有重要战略意义的国家，西濒英属印度，北部和东北部与中国西藏和云南接壤。滇缅公路是中国重要的国际交通线，日军据此还可以威胁中国西南大后方。缅甸对于盟国中的中英双方来说都有重要战略意义。太平洋战争爆发后，日军在短时间内席卷东南亚，随即矛头直指缅甸。

为了保卫缅甸，中英早在1941年初就酝酿成立军事同盟。中国积极准备并提出中国军队及早进入缅甸布防。太平洋战争爆发后，1941年12月23日，中英双方在重庆签署了《中英共同防御滇缅路协定》，中英军事同盟形成。

但是，由于英军轻视中国军队的力量，过于高估自己，又不愿外国军队深入自己的殖民地，一再拖延阻挠中国远征军入缅，预定入缅的中国远征军只好停留在中缅边境。然而，1942年1月初日本展开进攻后，英缅军一路溃败，这才急忙请中国军队入缅参战。中国成立远征军第一路司令长官司令部（原定第二路在越南方面，后因情况变化取消），开赴缅甸战场。但是，由于已经失去作战先机，造成缅甸保卫战的失利。这主要由于英国极端坚持先欧后亚的既定战略，战局一旦不利，便对保卫缅甸完全失去兴趣，一再撤退，使中国远征军保卫缅甸的作战变成了掩护英军撤退的作战。

但是，中国远征军却仍然作出了让英美盟国盟军钦佩的战绩，并达到了一定的战略目的。从1942年3月中国远征军开始与日军作战，至8月初中英联军撤离缅甸，历时半年，转战1 500余千米，浴血奋战，屡挫敌锋，使日军遭到太平洋战争以来少有的沉重打击，多次给英缅军有力的支援，取得了同古保卫战、斯瓦阻击战、仁安羌解围战、东枝（棠吉）收复战等胜利。

在仁安羌援英作战中，中国远征军新编第三十八师师长孙立人凭借一团之力与数倍于己之敌连续英勇作战，以少胜多，解救出被围困数日濒临绝境的英缅军第一师，轰动英伦三岛。第五军第二〇〇师师长戴安澜屡建奇功，掩护了英军的平安撤退，后在翻越野人山对敌作战中不幸受伤殉国。战役结束后,英美政府高度颂扬并给孙立人与戴安澜将军追赠了功勋章。

缅甸失守给以后作战带来极为消极的影响,使中国彻底失去了滇缅公路这一唯一的陆上交通线,以后不得不开辟从印度飞越驼峰(在喜马拉雅山)的空中航线。至此,虽然日寇可以直接威胁印度,但是,也取得了重大的战略意义,掩护了英军撤退,赢得了时间保存了力量以保卫印度,也消耗、阻滞了日军进攻中国西南大后方的企图,配合国内部队阻敌于云南境内怒江天险,以后形成长期对峙,粉碎了日军从缅北进攻中国西南大后方的企图。这次远征作战,也是中国自甲午战争以来首次出国作战,他们弘扬了中国人民的国际主义和民族牺牲精神,提高了中国的国际地位。

第一次缅战日军伤亡约4 500人,英军伤亡1.3万余人,中国远征军伤亡5万余人(大部分在胡康河谷野人山)。

缅甸作战失利后,中国远征军一部分退入英属印度。在中国战区参谋长史迪威的指导下,退入印度的新三十八师、新二十二师在兰姆珈训练营受训并进行整编,于1943年8月改编为中国驻印军,全副武装美式装备,英国提供给养,大批知识青年在"一寸山河一寸血,十万青年十万军"的号召下踊跃参军,利用从驼峰返航的飞机空运到印度,士兵的素质有了大大的提高,驻印军的战斗力大为提升。

同时,中国鉴于缅甸的重要性,积极酝酿反攻缅甸,在滇西重新组编并整训第二批远征军,于1943年2月设立中国远征军司令长官部,辖第十一和第二十集团军,严阵以待,随时准备与英美军队协同反攻缅甸。

1943年10月,为配合中国战场及太平洋地区的战争形势,中国驻印军制定了一个代号为"安纳吉姆"反攻缅北的作战计划,以保障开辟中印公路(中国昆明—印度利多)和铺设输油管。10月,新三十师调入缅甸编入驻印军,计划从印缅边境小镇利多出发,跨过印缅边境,首先占领新平洋等塔奈河以东地区,建立进攻出发阵地和后勤供应基地,而后翻越野人山,以强大的火力和包抄迂回战术,突破胡康河谷和孟拱河谷,夺占缅北要地密支那,最终连通云南境内的滇缅公路。

1944年3月,我驻印军占领孟关,消灭日本最精锐的第十八师团的主力,缴获其军旗、关防、大量文件及各种武器。继而又乘胜进军,一鼓作气,攻占缅北重镇孟拱,再次告捷。

1944年3月初,日军纠集第五军8.5万兵力进攻印度英帕尔英军基地,英帕尔吃紧,危及整个东南亚战局,4月初,驻滇西的中国远征军第二十集团军五十四军第十四师、第五十师急调入缅甸,编入驻印军增援牵制日军,新三十师第八十八团、第五十师第一五〇团与美军拉加哈特部队合编组成中美联合突击队,随即对密支那发动进攻。5月11日,滇西远征军第二十集团军强渡怒江,血战高黎贡山,拉开滇西反攻序幕。新三十八师在孟拱河谷战役结束后,也进军密支那。经过近3个月的激烈战斗,8月初密支那终于被攻克,缅甸战场的主动权从此转入盟军手中。对中国来说，意味着两条被阻断的运输线——中印公路同滇缅公路的连通指日可待，危险的"驼峰航线"从此载入史册，空军可以从东南部更安全、更便捷的航线飞往昆明和重庆，中国西南战略形势根本改观，抗日大后方真正有了稳定感；而日军对缅甸的占领日期已屈指可数，其在亚洲大陆的全面进攻，也从此演变成节节防御，最后彻底崩溃。

自从我驻印军先后开出兰姆伽后，连续作战，屡创强敌，战斗力较之以前大为提高，这是日军做梦也想不到的。他们弄不清楚这支两年前曾败在自己手下的中国军队何以在不到一年的时间里便成了一支攻无不克、战无不胜的威猛之师。

6月4日，滇西松山大战展开，滇西远征军第七十一军、第八军轮番进攻，至9月7日以阵亡8 000余人、伤者过万，击毙日军千余人，以惨重代价收复松山。7月2日，第二十集团军进攻腾冲，至9月14日光复腾冲城，美军第十四航空队参与攻城战役，我军伤亡5 000余人，击毙日军3 000余人。6月4日，滇西远征军第十一集团军进攻龙陵，至11月11日克复龙陵全境，此役歼灭日军13 000余人，我军伤亡2万余人，日军被驱赶到芒市一带自此无险可守。9月初，日军在英帕尔遭受惨重失败，盟军在滇缅印战场进入总进攻的战略阶段。

驻印军在密支那休整约两个月后扩编为新一、新六两军，向日寇发动了最后的攻击，用缴获的日军文件上的一句话来说，"支那军归国心切，锐不可当"。密支那休整后，新一军、新六军分左右两路向八莫发动进攻。一路上过关斩将，所向披靡。12月初因国内战事吃紧，新六军急调回国增援；随后，新一军先后攻克八莫、南坎，并在畹町附近的芒友与云南西进的滇西中国远征军胜利会师，中印公路完全打通。中国驻印军旋即南下，于1945年3月8日攻克腊戍，30日与英军会师于乔梅，缅北反攻作战结束。此时日寇因在菲律宾失败，收缩战线，全部撤出缅甸。至此，缅甸战事全部结束。

反攻缅北、滇西历时一年半，史载中国驻印军伤亡2万多人，歼灭日军4.8万余人，滇西远征军伤亡6万余人，击毙日军2.1万余人，合计毙敌7万余人。中国远征军完成了中国战略大反攻的全面胜利，滇缅印战区亦是抗战历史上中国军队对日本军队唯一取得完胜、击溃日寇的战区。

中国驻印军和中国远征军的反攻胜利，重新打通了国际交通线，使国际援华物资源源不断地运入中国；把日寇赶出了中国西南大门，揭开了正面战场对日反攻的序幕；钳制和重创了缅北、滇西日军，为抗战取得最终胜利作出巨大贡献。

从中国军队入缅算起，中缅印大战历时3年零3个月，中国投入兵力总计40万人，伤亡接近20万人，日本在中缅印战区投入兵力总计30余万，被歼灭18.5万余人。中国远征军、驻印军用鲜血和生命书写了中华民族抗日战争史上极为悲壮和辉煌的一页，壮哉中国军人，壮哉中国远征军！

第四板块 滇西南景点文学

普洱茶记[1]

◎ [清] 阮　福

普洱茶记

【导读】

　　中华民族拥有悠久繁荣的茶文化，茶叶种类繁多、特色鲜明。我们饮茶、贩茶、制茶，更产茶，位于西南边陲的云南省就盛产名满天下的普洱茶。作为中国名茶之一，普洱茶的历史几乎和茶马古道一样长，甚至有人说普洱茶的历史就是中国的茶历史。

　　《华阳国志》记载，周朝时，云南茶叶已开始进贡朝廷。唐宋以来，云南茶叶通过四川、西藏销往西域，开拓了茶马市场，影响了东西贸易形态，受到全国重视。元朝时，云南茶叶以普茶为名，被写入历史，"普茶"一词从此名震天下，"普茶"逐渐成为西藏、新疆等地区市场买卖的必需商品。明朝，茶马市场在云南兴起，普茶改叫普洱茶，来往穿梭于云南与西藏之间的马帮如织。在茶马古道的沿途，以普洱府为中心点，聚集形成了许多城市。通过茶马古道频繁的东西交通往来，开展了庞大的茶马交易，络绎不绝的驮马商旅，为云南地区描绘了辉煌的历史画卷。清朝，普洱茶声誉远播，深受清朝宫廷推崇喜爱，享誉海内外，开启了一个前所未有的鼎盛时代。

　　近年来，普洱茶更是以茶性温和、茶汤浓醇爽滑、香味持久独特和养生保健功能，受到广大消费者喜爱和认可。下面，让我们跟着清代阮福的《普洱茶记》一起了解一下普洱茶。

　　普洱茶名遍天下。味最酽[2]，京师尤重之。福来滇，稽之《云南通志》亦未得其详，但云产攸乐、革登，倚邦、莽枝、蛮嵩、慢撒六茶山，而倚邦、蛮砖者味最胜。福考普洱府，古为西南夷极边地，历代未经内附。檀萃《滇海虞衡志》云，尝疑普洱茶不知显自何时。宋范成大言，南渡后于桂林之静江军以茶易西蕃之马，是谓滇南无茶也。李石《续博物志》称，茶出银生诸山，采无时，杂椒姜烹而饮之。普洱古属银生府，则西蕃之用普洱已自唐时，宋人不知，尤于桂林以茶易马，宜滇马之不出也。李石亦南宋人。本朝顺治十六年[3]，平云南，那酋归附[4]，旋叛伏诛，编隶元江通判。以所属普洱等处六大茶山、版纳地设普洱府，并设分防思茅同知，驻思茅。思茅离府治一百二十里。

所谓普洱茶者，非普洱府界内所产，盖产于府属之思茅厅[5]界也；厅界有茶山六处[6]，曰倚邦，曰架布，曰嶍崆，曰蛮砖，曰革登，曰易武，与《通志》所载之名互异。福又捡《贡茶案册》[7]，知每年进贡之茶，例于布政司[8]司库铜息[9]项下动支银一千两，由思茅厅领去转发采办，并置办收茶、锡瓶、缎匣、木箱[10]等费。其茶在思茅本地收取鲜茶时，须以三四斤鲜茶方能折成一斤干茶。每年备贡者五斤重团茶、三斤重团茶、一斤重团茶、四两重团茶、一两五钱重团茶，又瓶装芽茶、蕊茶，匣盛茶膏，共八色，思茅同知[11]领银承办。

《思茅志稿》云：其治革登山有茶王树[12]，较众茶树高大，土人当采茶时，先具酒醴礼祭[13]于此，又云：茶产六山，气味随土性而异，生于赤土或土中杂石者最佳，消食、散寒、解毒。于二月间采，蕊极细而白，谓之毛尖，以作贡[14]。贡后方许民间贩卖。采而蒸之，揉而为团饼[15]。其叶之少放而犹嫩者，名芽茶；采于三四月者，名小满[16]茶；采于六七月者，名谷花[17]茶。大而团者，名紧团茶；小而圆者，名女儿茶。女儿茶为妇女所采，于雨前[18]得之，即四两重团茶也。其入商贩之手而外细内粗[19]者，名改造茶[20]。将揉时预择其内之劲黄而不卷者，名金月天；其固结而不解者，名疙瘩茶[21]，味极厚[22]，难得。种茶之家，芟锄[23]备至[24]。旁生草木，则味劣难售，或与他物同器，则染其气而不堪饮矣。

（选自《云南历代文选·散文卷》，余嘉华、易山主编，云南教育出版社，2014年3月第1版。本文出自光绪《普洱府志稿》卷一九，个别地方有改动。）

【注释】

[1] 普洱茶，云南名茶。因普洱府属地思茅及车里宣慰司等地盛产优质茶叶，府治所在地普洱成为滇南茶叶的集散地，普洱茶之名传播四方。为此，"雍正七年（1729年）鄂尔泰

奏设总茶店于思茅，以通判司其事"。倪蜕《滇云历年传》卷一二说："六大茶山产茶，向系商民在彼地坐放收发，各贩于普洱，上纳税课转行，由来久矣。至是，以商民盘剥生事，议设总茶店以笼其利权。"

[2] 酽（yàn），液汁浓、味道浓。

[3] 本朝，指阮福生活时的清王朝。顺治十六年指公元1659年。顺治，清世祖（爱新觉罗福临）年号（1644—1661年）。

[4] 那酋归附，倪蜕《滇云历年传》"雍正七年"条说，"总督鄂尔泰奏设普洱府，以攸乐设同知，思茅设通判隶之"。其后说明"普洱于明洪武十四年（1381年）土酋那直归附，末年那嵩据之，本朝顺治十六年（1659年）那酋叛，伏诛，编隶元江府。……又裁移通判于思茅，专管税课"。那酋，指那氏土司，世为元江府土知府，明代历任那氏土知府共16任。明末，吴三桂率清兵入滇，那嵩起兵抗清，元江被围三月，城将破，嵩"乃慷慨整衣冠，率子燕及家人登楼自焚死。其士兵多巷战死，全城皆屠"（刘达武《那烈愍公墓表》）。那氏"世掌他郎寨……遣弟仑侵缅之普洱"。故那氏亦与普洱有关。

[5] 思茅厅，雍正十三年（1735年）置。领思茅甸、普腾及车里、六顺、倚邦、易武、勐腊、勐阿、勐龙、勐海暨攸乐同知地。后诸地分别设治，仅领思茅、普腾。1913年废厅改县。

[6] 茶山六处，此地称倚邦、架布、嶍崆、蛮砖、革登、易武，与本文开头引《云南通志》文有同有异，应以前者为确，因架布、嶍崆包括在倚邦茶山之内。

[7]《贡茶案册》，向朝廷进贡普洱茶的档案文书。

[8] 布政司，官府名，全称为承宣布政使司，为清朝省级行政机构的重要组成部分，以布政使为主官，为从二品，仅次于巡抚一级。

[9] 司库，负责管理财政和仓库事务的官职。铜息，指有关铜政所得利息或利润。

[10] 锡瓶、缎匣、木箱，均为包装进贡普洱茶的器物。锡瓶，锡制品，色如银，亮如镜，饰有各种吉祥图案，盛茶不变味，运输不易碎。

[11] 思茅同知，协助普洱府管理思茅的官员，为府同知，多为正五品，常驻思茅。

[12] 革登山有茶王树，据调查，在勐腊县象明乡新发寨背面山上。曹仲益《倚邦茶山的历史传说回忆录》记载："这棵茶王树在光绪初年，每年尚可产茶六至七担之多，每季约二担干茶，真是茶树中稀有之物，可惜已死。民国初年根部枯干尚存。"

[13] 具酒醴礼祭，准备祭品按照礼仪祭祀。醴，甜酒。《荀子·礼论》："飨尚玄尊，而用酒、醴。"

[14] 以作贡，用它来作贡品。

[15] 团饼，圆形或半圆形的茶饼。

[16] 小满，二十四节气之一，一般在四月中，此时麦类等夏熟作物籽粒开始饱满，但还未成熟，所以称作小满。

[17] 谷花，稻子扬花，谷类等秋熟作物正在孕穗的季节。

[18] 雨前，谷雨节令前，谷雨一般在 3 月中旬。

[19] 外细内粗，即外层为细嫩的好茶，内部则为叶片较大的粗茶。

[20] 改造茶，经加工制作，将茶做成外细内粗的成品。

[21] 扢搭茶，即疙瘩茶，卷结成一团的茶叶。

[22] 味极厚，味道醇厚，耐泡。

[23] 芟（shān）锄，铲除杂草。《诗经·周颂·载芟》："载芟载柞。"毛传："除草曰芟，除木曰柞。"

[24] 备至，细微周到。

【思考与练习】

1.查阅资料，简述普洱茶的主要产区分布状况。

2.简述普洱茶的发展历史。

3.分析普洱茶在清朝得到广泛认可和喜爱的原因。

4.简述普洱茶与云南民族文化的关系，以及民族文化对普洱茶茶艺、茶道、茶礼、茶俗的影响。

【知识链接】

中国名茶简介

中国茶叶历史悠久，各种各样的茶类品种，万紫千红，竞相争艳，犹如春天的百花园，使万里山河分外妖娆。中国名茶就是诸多花色品种茶叶中的珍品。同时，中国名茶在国际上享有很高的声誉。

尽管人们对名茶的概念尚不十分统一，但综合各方面情况，名茶必须具有以下基本特点：名茶之所以有名，关键在于有独特的风格，主要在茶叶的色、香、味、形四个方面。茶以"色绿、香郁、味醇、形美"四绝著称于世，也有一些名茶往往以其一两个特色而闻名。

庐山云雾茶是汉族传统名茶，属于绿茶中的一种。最早是一种野生茶，后东林寺名僧慧远将野生茶改造为家生茶。始于汉朝，宋代列为"贡茶"。

龙井茶是中国国家地理标志产品。其产区分布在西湖湖畔的秀山峻岭之上。这里傍湖依山，气候温和，常年云雾缭绕，雨量充沛，加上土壤结构疏松、土质肥沃，茶树根深叶茂，常年莹绿。特级龙井茶扁平光滑挺直，色泽嫩绿光润，香气鲜嫩清高，滋味鲜爽甘醇，叶底细嫩呈朵。

六安瓜片（又称片茶），为绿茶特种茶类。六安瓜片产自安徽省六安市大别山一带，唐代被称为"庐州六安茶"，明代被称为"六安瓜片"，清代为朝廷贡茶。六安瓜片采自当地特有品种，经扳片、剔去嫩芽及茶梗，通过独特的传统加工工艺制成的形似瓜子的片形茶叶。

黄山毛峰茶起源于清代光绪年间，黄山茶的采制相当精细，清明到立夏为采摘期，采回来的芽头和鲜叶还要进行选剔，剔去其中较老的叶、茎，使芽匀齐一致。在制作方面，要根据芽叶质量，控制杀青温度，不致产生红梗、红叶和杀青不匀不透的现象；火温要先高后低，逐渐下降，叶片着温均匀，理化变化一致。

安溪铁观音茶产于福建省泉州市安溪县，是我国著名乌龙茶之一。安溪铁观音茶历史悠久，素有茶王之称。据载，安溪铁观音茶起源于清雍正年间（1723—1735年）。安溪县境内多山，气候温暖，雨量充足，茶树生长茂盛，茶树品种繁多，姹紫嫣红，冠绝全国。安溪铁观音茶，一年可采四期茶，分春茶、夏茶、暑茶、秋茶。制茶品质以春茶为最佳。

信阳毛尖又称豫毛峰，属绿茶类，是河南省著名特产之一。民国初年，因信阳茶区的五大茶社产出品质上乘的本山毛尖茶，正式命名为"信阳毛尖"。信阳毛尖具有"细、圆、光、直、多白毫、香高、味浓、汤色绿"的独特风格，具有生津解渴、清心明目、提神醒脑、去腻消食等多种功效。信阳毛尖于1915年在巴拿马万国博览会上与贵州茅台同获金质奖。

洞庭碧螺春茶产于江苏省苏州市吴中区太湖洞庭山。太湖辽阔，碧水荡漾，烟波浩渺。洞庭山位于太湖之滨，西山是相隔几公里、屹立湖中的岛屿，西山气候温和，冬暖夏凉，空气清新，云雾弥漫，是茶树生长得天独厚的环境，加之采摘精细，制作工艺考究，形成了别具特色的品质。

都匀毛尖，产于贵州都匀市，外形条索紧结、纤细卷曲、披毫，色绿翠。香清高，味鲜浓，叶底嫩绿匀整明亮。都匀毛尖具备"三绿透黄色"的特征：干茶色泽绿中带黄，汤色绿中透黄，叶底绿中显黄。

武夷岩茶为乌龙茶类，有茶中之王的美誉，产于福建"奇秀甲东南"的武夷山，茶树生长在岩缝之中。武夷岩茶具有绿茶之清香、红茶之甘醇，是中国乌龙茶中之极品。武夷岩茶属半发酵的青茶，制作方法介于绿茶与红茶之间，其中以大红袍享誉世界。

南京雨花茶，属绿茶类，是南京特产，主要产于南京的雨花台、中山陵一带的风景园林名胜处，以及江宁、六合、溧水、高淳一带。雨花茶以碧绿的茶色、清雅的香气、甘醇的滋味闻名。其外形似松针，细紧圆直。雨花茶冲上开水，水面顿显白毫，茶入水即沉，冲泡后茶色碧绿、清澈，香气清幽，入口沁人肺腑，齿颊留芳，滋味醇厚，回味甘甜，是上等佳品。

祁门红茶，简称祁红，产于中国安徽省西南部黄山支脉区的祁门县一带。当地的茶树品种高产质优，植于肥沃的红黄土壤中，而且气候温和、雨水充足、日照适度，所以生叶柔嫩且内含水溶性物质丰富，又以8月所采收的品质最佳。

涌溪火青，产于泾县榔桥镇涌溪村的珠茶，起源于明朝，产于安徽省泾县城东70千米涌溪山的枫坑、盘坑、石井坑、小石坑一带。涌溪火青在清代已是贡品。其外形独特美观，颗粒细嫩重实，色泽墨绿莹润，银毫密披。

太平猴魁，传统名茶，为绿茶类尖茶之极品，产于安徽太平县（现为黄山市黄山区）一带。其外形两叶抱芽，扁平挺直，自然舒展，白毫隐伏，有"猴魁两头尖，不散不翘不卷边"的美名。猴魁茶界普遍认为"太平尖茶"是太平猴魁的前身。

普洱茶，是以云南省一定区域内的云南大叶种晒青茶为原料，采用特定工艺、经后发酵加工形成的散茶和紧压茶，分为生茶和熟茶。生茶是将未经人工发酵的茶紧压而成在自然状态下进行后发酵的普洱茶；而熟茶有一种特定的渥堆发酵过程，是通过在高温高湿环境下在菌群的参与下发生的发酵过程产生的茶。普洱茶成茶外形条索紧直、肥壮、显毫，冲泡之后，汤色红浓橙黄，香气浓郁，陈香明显，滋味醇厚，非常耐泡，冲泡五六次之后仍有香味。

茉莉花茶，又叫茉莉香片，属于花茶，已有1 000多年历史。茉莉花茶产于福建、江西、湖南等地，其茶香与茉莉花香交互融合，有"窨得茉莉无上味，列作人间第一香"的美誉。

蒲公英与鹦鹉店

◎徐　迟

【导读】

中国科学院西双版纳热带植物园是一个集科学研究、种质保存、科普旅游于一体的综合性研究机构，是我国面积最大、植物多样性最丰富的植物园。这里草木繁盛，花树浓荫，来到这里的人无不为这里多姿多样的植物大观而倾倒沉迷。但你可知道，这个规模宏大的植物园是在60多年前由我国著名植物学家蔡希陶教授一手创建的。谁能想到这位被誉为"云南植物王国的揭幕人"的植物学家年轻时并非生物学出身，而是怀揣着文学家的梦，一次机缘巧合使他踏上探索植物世界之路，从此研究植物就成为他一生为之痴迷奋斗的方向。

蔡希陶教授对于我国植物学研究可谓功勋卓著。他创办了我国第一个生物研究所（现中国科学院昆明植物研究所），创建了我国第一个热带植物园（现中国科学院西双版纳热带植物园），参与了云南香料植物樟油、桉树油、香叶天竺油的开发，他对于中国北纬21°～23°适合种植橡胶的论断促成我国有了自己的橡胶工业，他引进美国大金元优良烟种培育推广出云烟的优良品种……他是我国植物资源开发的先驱和奠基人。他的事迹被著名作家徐迟写成了报告文学《生命之树常绿》，今天就让我们学习其中的《蒲公英与鹦鹉店》，了解蔡希陶教授早期踏上植物学领域的经历，学习蔡教授为了自己热爱的植物学事业所付出的艰辛和努力，感受作者充满激情和诗意的语言特色。

蒲公英（学名：*Taraxacum mongolicum*）开一朵金黄色的花；其实不是一朵而是很多朵；很多花朵形成一个花序，每一花朵下面隐藏一个果：很小的果；就像向日葵也是一个花序，一朵朵花，结的一个个果，就是一颗颗小葵花子儿。

而蒲公英的每一个小果上长着很密很长的冠毛。这些带着冠毛的组合在一

起的小果，形成一个毛茸茸的圆球。它是那样地逗人喜爱！见到它的人没有不为之惊叹，为之着迷的。它构筑得比一座宫殿还要精巧，任何艺术大师也将自惭弗如的。

那样地富丽堂皇呵！当果子成熟后，冠毛带着它们随风起舞。那样的美妙而婀娜呵！它们飞扬而去，纷纷飞走了，消失不见了，只留下了一个花轴。人们常常惋惜：只要轻轻地向它吹一口气，这美丽的结构，就被毁了，就不再存在了。

但是它们几曾消失了呢？它们飞舞着，作为种子而飞翔，而后降落到大地之上，重新定居下来了，扬畅了，生长了，以几何级数的增长，开放了更多得多的花序，又结出更加多得多的美丽组合的果球。用不到惋惜呵，更不需要伤感！倒不如赞扬它，吟咏它，歌唱它，欢呼它呵——大自然的素朴和华丽的统一！毁灭与生命的统一！

蔡希陶早年写过的短篇小说，题目就叫《蒲公英》，是写植物界的斗争的。

当初他才二十来岁，热爱大自然，憧憬未来。他喜欢文字，用明丽的文字梦想着激情的文学生涯。他侧身于陈望道的门下。他与张天翼齐名。他给王统照寄稿，后来还在郑振铎主编的《文学》上发表文章。

那天，在陈望道家里，他被介绍给鲁迅。鲁迅凝神看他，问道：

"你——就是蔡希陶吗？"

鲁迅上下打量他，接着说："我刚看了你的一篇小说，写得很有气派。我还以为它的作者一定是一个关东大汉。我没有想到，你只是这么一个小伙子。"

鲁迅笑了。笑后说，虽然是个小伙子，你有关东大汉的气派。

鲁迅曾给予蔡希陶的文学创作以美誉。蔡希陶很有希望成为一名文学家。不过他很穷，高中也读不起。写文章无法谋生。他得找一个生计，就是在北平静生生物调查所当练习员。

文学青年蔡希陶一下子就被植物学迷住了。这不奇怪。鲁迅是由地质学植物学医学学生转变为文学家思想家革命家的。又是考古学家又是诗人的郭沫若当了中国科学院院长。因为创作，绝对不是单纯的模仿，而是发明。一切发明，绝不是量的增添，必是质的飞跃：就是创造。文学与科学之间是有通道的，发表创作及发明创造，在这一点上终究是统一的。

北平静生生物调查所当时由胡先生[1]主持。蔡希陶见到了我国第二代植物学家胡先生。

有一天，二十岁的青年人蔡希陶反坐在靠背椅子上，两手扶着椅子的靠背，两眼凝聚在老师身上。胡先生在讲着话，激情如喷泉迸发。

他说他刚读完一个美国人威尔逊写的书，题目叫做《一个带着标本箱、照相机和火枪在中国的西部旅行的自然学家》。这个人，本世纪初在我国湖北、四川、贵州旅行，共计十一个年头，收集了六万五千号植物标本，有五千多种，搞走一千五百种植物果木到美国和英国去了。他在这本书里承认中国植物最丰富；中国花卉是世界最富丽的。他特别赞赏中国杜鹃花的品种之多，达到了一百六十多种。他采集了八十多品种，其中六十多种被他引往美英等国，加以驯化。此人没有到过云南，并不知道我国云南杜鹃花还要多得多呢。这些美国英国法国德国日本和俄国人大摇大摆而来，拿走了我们多少植物标本，多少果木，叫我们痛心！痛心不置呵！所以我们创设了静生生物调查所，以抵制他们，并发展我国植物学。

蔡希陶想，我们得有志气！得有这个志气！尽管经费少、人手少，学问浅陋、经验不足，可我们要把中国植物学的事业担当起来。

蔡希陶想得心潮澎湃，热血沸腾。

胡先生说，世界植物中就中国最丰富。中国植物中，又是云南省最丰富。我们应当到云南省去。我国十六世纪出过一个本草学大师李时珍。清末，吴其浚的《植物名实图考》开始了纯粹研究科学的精神。我们要从植物分类学入手，也要对植物形态、解剖和生理等方面进行研究。说到云南，我们也有了一些植物标本。但空白点太多了。譬如，大凉山，就是个空白点。那里是奴隶社会制度。黑彝奴隶主还要下山来，掳掠人，去给他们当奴隶娃子呢。没有人敢进去。难进得很！进不去，所以是空白点。但越是空白点，越需要人进去……

话未说完，蔡希陶头一抬，手紧握椅子靠背，一下把椅子抽掉了。站在胡老师面前，他用坚定的声音请战：

"我去！"

一九三二年，静生生物调查团的蔡希陶从四川宜宾出发，沿金沙江，徒步走进云南。宜宾码头上的脚夫邱炳云替他挑行李。蔡希陶就教他：采集木本要有花果，采集草本要有根须。邱炳云很快学会了采集和制作标本。他们经过盐津，达到昭通。整理资料，寄回所里。向大凉山挺进的准备工作就绪了。他们在天鸡街和黑彝奴隶主举行了商谈。杀了一条牛，大家喝一碗牛血，结了盟，就进入空白点！丰富的植物宝库！他们采集了大量的标本。又回昭通，整理资料。寄回所里，又受命南下。他们从高寒山区，下到亚热带、热带的中越边境的屏边。

那是瘴疠之地。蔡希陶曾走进一座傣族村寨。整个村寨的人倒在竹楼上，发高烧昏迷不醒。他带有奎宁[2]丸，给病人一个个喂了药。两小时后，全村苏醒了过来。倾其所有，把药丸留给村民了，他才离开。无私的人，高尚的品德！那时是旧社会，却已有新社会里可能会有的风格。

野外调查，一共三年，共采集了一万多号标本回昆明，蔡希陶不觉已成为一个和大自然结下了生死不解之缘的亲属。他吃野菜就能生活。山洞树林可以为家。他不仅和植物打交道，和动物、飞禽也取得了默契，而血肉相连了。

最艰苦的日子，随抗日战争而来，静生生物调查所迁到昆明，紧靠着北平研究院云南省农林研究所，这一下可糟了。经费无着，工资也发不出，国民党政府、云南省政府哪有心思来理睬植物学？蔡希陶只得在街上开设了一爿[3]鹦鹉店。

这个商店出卖鲜花、盆景、种子以及鹦鹉、云雀、鸽子等禽鸟和小动物如兔子、暹罗猫[4]和小狼狗等。营业收入，还多少可以资助研究所的少数员工，到后来只剩下八个人，苟延残喘。他们活下命来，竟然还能坚持他们的科研工作。说来奇怪，也不奇怪，动植物到蔡希陶手上都变得聪明又美丽。不但奇花异卉吸引中外顾客，鹦鹉还帮助了营业：

"客来啦，递烟端茶呵！"

所以生意是不坏的。蔡希陶培育了许多香花，繁殖和训练了许多小动物。（他后来还曾把昆明动物园里一条死了母虎的奄奄待毙的乳虎，搂在怀里，一匙一匙地用牛奶喂它，喂活了又送回动物园。）他不但善于骑马，尤善相马，远近闻名。附近农民买马都来找他当顾问，他养的鸽子、暹罗猫婉娈[5]可爱；花朵到他手下特别艳丽。最出色的是他那条狼狗。他在墙外叫一声"丁哥儿！"噗地一声，这条狗跳过了墙来。有一次，他让邱炳云将他双手反绑了，嘴里塞进一条毛巾。他倒在地上。一会儿，丁哥儿从门外瞥见他主人倒在地上，猛跳进来，一口先把毛巾轻轻地扯了出来；又转到他背后用它的牙齿把绳子咬断。没有伤他的手，蔡希陶站了起来说：

"看起来，这条狼狗已经训练好了！"

凡属大自然的一切，他都喜欢。蔡希陶进大凉山并没有被奴隶主抓起来当奴隶。他变成了大自然的亲儿子了。儿子往往不懂得父母；人间居多不认识大自然。然而蔡希陶，现在他的肉、血和头脑，都已属于自然界。他开始能够认识和比较正确运用自然规律了。

（选自《徐迟文集·第三卷·报告文学》中的《生命之树常绿》，徐迟著，作家出版社，2014年10月第1版。）

【注释】

[1] 胡先生，即时任北平静生生物调查所所长的胡先骕（sù）先生。

[2] 奎宁，药名。是从金鸡纳树等植物的皮中提制出来的白色晶体或无定形粉末，有苦味，用于治疗疟疾，也叫金鸡纳霜。

[3] 一爿（pán），量词。商店、工厂等一家叫一爿，也可称一片田地为一爿田。

[4] 暹罗（xiān luó）猫，世界著名的短毛猫，原产于暹罗（今泰国）而得名。

[5] 婉娈（luán），性情柔顺美好。

【思考与练习】

1.这篇课文主要记叙人物生平，为何要提到蒲公英和鹦鹉店？写这二者各有何寓意？

2.本文是一篇报告文学，报告文学就是运用文学手法，真实及时地反映社会生活事件或者人物活动的一种介于新闻和文学作品之间的文学样式。阅读全文，分析作者写了有关蔡希陶先生的几件事，表现了蔡先生的哪些性格特点？

3.蔡希陶先生在云南采集植物标本、从事植物研究的时候，正值我们国家历经战乱、民生凋敝之时，但就是在这种艰苦的条件下，他和其他研究者仍努力工作，为我国的植物学发展打下坚实基础。从他身上，你学到了哪些可贵的精神？

4.正是有无数位像蔡希陶一样的科研工作者的努力，云南的生物保护工作有了长足发展，成为我国乃至全世界生物多样性保护的代表性地区。上网查资料，了解云南在生物多样性保护方面所做的工作及取得的成果。

【知识链接】

植物王国的拓荒者——蔡希陶

蔡希陶（1911—1981年），我国著名植物学家、植物资源学家。

1911年，蔡希陶生于浙江东阳虎鹿镇蔡宅村乐顺堂。1927年，就读于上海立达学园，当年加入中国共产主义青年团。读书期间与当时在上海大学教英文的大姐蔡葵（慕晖）共译英国历史学家韦尔斯的著作《世界文化史》。1929年9月至1930年7月，蔡希陶在上海光华大学物理系念了一年书，他常去当时任上海大学教务长的大姐夫陈望道家，深受陈望道及常到陈家的瞿秋白、李达、鲁迅等先辈的影响。

蔡希陶自幼宠爱动物，向往动物学的研究。1930年，蔡希陶考入北平静生生物调查所任实习生。该所植物学部主任胡先骕一见蔡希陶就很投缘，鼓励蔡希陶帮他搞植物学研究，喜爱动物的蔡希陶十分为难，但还是答应下来了。在北平静生生物调查所工作期间，该所所长胡先骕先生常派他到北平附近采集植物标本。1931年，蔡希陶与胡先骕合作发表了《四川省唇形花科植物之研究》一文。

初涉植物学研究的蔡希陶，了解到云南是世界上植物种类最丰富的地区之一。过去到云南采集植物的大都是外国人，而中国人却视之畏途。心怀大志的蔡希陶提出了前往云南考察植物的计划，得到了胡先骕的赞赏与支持。1932年2月，蔡希陶从社会上招聘了两名青年一起向西南进发，不久那两名青年半途溜走了，他只好孤身一人入川，在宜宾找了一名挑夫一起闯云南。面对激流、雪地、瘴雨、匪盗和茫茫林海，他攀爬崇山峻岭，从1932年到1934年，共采集植物标本21 000余号，其中有427个新种和不少云南新纪录，揭开了云南"植物王国"的面纱，为云南植物学研究作出了奠基性的贡献。后与俞德浚合译《农艺植物起源》，并发表了豆科、蔷薇科和魔芋属等植物的研究论文。考察期间，蔡希陶先后创作多篇文学作品。

1932年2月，前北平静生生物调查所开始派员组织云南生物调查团到云南开展植物考察和标本采集，后经专家研究，决定合办云南农林植物研究所（中国科学院昆明植物研究所前身），由蔡希陶经长沙来滇筹备。1938年5月，云南农林植物研究所在昆明北郊黑龙潭挂牌成立，蔡希陶兼任公园经理。

1950年4月7日，云南农林植物研究所划归中国科学院属下，"中国科学院植物分类研究所昆明工作站"正式成立，蔡希陶被任命为工作站主任。

中华人民共和国成立初期，国外敌对势力在经济上、政治上千方百计孤立中国。为了打破外国对我国进口橡胶的封锁，在新中国刚刚成立、边境尚不安宁的情况下，蔡希陶与植物学家秦仁昌、冯国楣等一起，冒着生命危险，率队奔赴红河、文山、西双版纳和德宏，沿中老、中越、中缅边境寻找橡胶宜林地和调查野生橡胶植物。当时踏勘工作者除偶尔可以骑马外，大部分时间只能徒步，工作条件非常艰苦。根据已掌握的第一手资料和丰富的生态学知识，蔡希陶提出"在云南成立橡胶研究机构的计划"和"建议政府从速在红河、澜沧江等流域种植巴西橡胶树"的建议书，首次论证"云南是我国栽培橡胶植物的最佳地"。1951年8月，当时的国家政务院做出了"关于培植橡胶树的决定"，号召自力更生，争取我国橡胶的迅速自给。蔡希陶对植胶的各种建议，后均为政府所采纳，成为制定云南橡胶发展规划的重要依据。

1940年，蔡希陶被推荐为烟草推广委员会的干事，开始介入了云南烟草事业，他密切注视各种烟草品种在云南各地的适应性、品质和产量，通过试验，发现从美国弗吉尼亚州引进的"大金元"比其他品种更适宜云南的自然条件，植株生长健壮，产量高，品质又特别好。1945年，通过陈焕镛先生从美国引进优良烤烟品种"大金元"，并驯化成功。后开设烟草推广培训班和提供烤烟良种，使其成为云南发展烟草生产的当家品种。中华人民共和国成立以来，"云烟"以其焦油含量低等优点享誉国内外，烟草业也因此而成为云南省一项支柱性经济产业。

此外，蔡希陶领导科技人员从野生植物资源中发掘和从国外引进了众多的重要药用、油料、香料和珍贵速生树种等经济植物，为中国热区的经济社会发展提供了新资源及其发展技术。

1958年，中国科学院昆明植物研究所成立，时任副所长的蔡希陶除积极参与扩建地处亚热带的昆明植物园和新建地处滇西北的丽江高山植物园之外，还奔赴边陲西双版纳，在那里建立了中国科学院热带森林生物地理群落定位站，1959年创建了中国科学院西双版纳热带植物园，这也是我国第一个热带植物园和热带植物研究基地，蔡希陶任第一任园主任。

1981年3月9日，蔡希陶因患脑溢血，不幸在昆明逝世。

虽然蔡希陶不是云南人，但是为了云南绿色产业发展，为了将云南建成一个绿色的王国，他耗尽了毕生心血。云南人民不会忘记他，就像那尊矗立在西双版纳热带资源标本馆门口的雕塑一样，蔡希陶的科学探索开拓精神也会永远受到云南人民的崇敬。

（资料来源：张义学，《蔡希陶：植物王国的拓荒者》，《新西部》，2004年第5期，第41-42页；百度百科；有修改。）

阿佤人民唱新歌

◎词曲：杨正仁

【导读】

　　在云南普洱市的西盟、澜沧、孟连和临沧的沧源居住着一个独特的少数民族——佤族，意为"住在山上的人"。佤族有自己的语言和文字，旧时的佤文是英国传教士为传播基督教而编制的，比较粗糙。中华人民共和国成立以后，党和政府为其创造了新文字。佤族人民能歌善舞，性情耿直豪放、剽悍勇敢、热情好客，素有"舞的民族"和"歌的民族"之称。他们创作了很多动听的音乐和优美的舞蹈，舞随歌起，歌舞相伴。

　　《阿佤人民唱新歌》是作曲家杨正仁根据佤族民歌《白鹇鸟》，采用佤族原生态民歌"江三木罗"调元素进行创作的一首本土民歌。歌曲旋律欢快，情绪热情奔放，活力四射，一气呵成，具有较强的舞蹈韵律和民族性格，唱响半个多世纪，至今仍在中国、缅甸、菲律宾、美国等国家和地区传唱。

　　1972年此曲入选《战地新歌》第一集，1973年参加全军文艺汇演获好评。

村村寨寨哎，打起鼓，敲起锣，

阿佤唱新歌

毛主席光辉照边疆

山笑水笑人欢乐

社会主义好哎，架起幸福桥

哎……

道路越走越宽阔，越宽阔

哎，江三木罗[1]！

山山岭岭哎，歌声起，红旗飘，

闪闪银锄落

毛主席领导咱，清清河水上山坡

茶园绿油油哎，梯田翻金波

哎……

五彩花开千万朵，千万朵

哎，江三木罗！

各族人民哎，团结紧，向前进，

壮志震山河

毛主席怎样说，阿佤人民怎样做

跟着毛主席哎，跟着共产党

哎……

阿佤人民唱新歌，唱新歌

哎，江三木罗！

哎，江三木罗！

　　（选自《好歌云南·云南经典歌曲100首》，云南省音乐家协会编，云南民族出版社，2016年6月第1版。）

【注释】

　　[1]"江"代表的是公平、公正，"三木罗"是佤族的一个英雄人物。这个词语最初是用来形容江三木罗这个英雄人物的，他因其主持公道的品质而被视为阿佤人的精神领袖。然而，随着时间的推移，"江三木罗"这个词已经被赋予了更广泛的含义，现在它通常用来表达快乐或高兴的情绪，成为佤族人民生活中的一种吉祥用语。当人们唱起"哎，江三木罗"，他们是在传达一种勤劳、善良的民族风情。

【思考与练习】

　　1.查阅资料，简述歌曲创作的时代背景。

　　2.认真赏析歌词，说一说歌曲的情绪特点，总结一下佤族民歌的特点是什么？

　　3.歌词表现了佤族人民怎样的风土人情，表达了怎样的思想内涵？

　　4.学唱《阿佤人民唱新歌》。

召树屯与喃木诺娜（节选）

◎傣族叙事长诗

召树屯与喃木诺娜

【导读】

　　《召树屯》是一部傣族叙事长诗，源自傣族佛教典籍《贝叶经·召树屯》，又名《召树屯与喃木诺娜》或《孔雀公主》，德宏傣族地区称为《娥倪罕》。长诗的故事原型是远古时代的"鸟衣神女"。长诗讲述了王子召树屯为了追求理想的爱情，在碧波荡漾的金湖里，找到了美丽的孔雀公主喃婼娜（喃木诺娜和喃婼娜是同一个人物，是傣文的不同音译。编者注）。两人相爱并结为夫妻，喃婼娜也因此留在了人间。后因爆发战争，召树屯率兵外出征战。巫师摩古拉诬陷喃婼娜为不祥之人，欲把她当作妖魔处死祭神。聪明的喃婼娜临刑前提出："请把我的羽毛还给我，让我最后跳一次舞，再享一次人生的欢乐，我会安心地离开人世。"她穿上孔雀衣翩翩起舞，最终借机化为孔雀飞走。召树屯得胜回来不见爱妻，愤而追寻喃婼娜，历经千辛万苦到达孔雀国，寄托于孔雀国王叭团的重重考验，最终与爱妻团聚。傣族人民将心中对真善美的追求，通过孔雀化身的喃婼娜，并将其理想化、形象化。召树屯凭借自己的勇敢和志气，找回心爱的喃婼娜的故事，表现了傣族人民对爱情、理想和幸福的执着追求。长诗中的人物形象不仅反映了傣族的社会道德观念和价值观念，还寄托了傣族人民的理想和情感。长诗人物刻画细致传神，想象大胆，手法夸张，具有浓郁的地域特色和传奇色彩。

　　这部长诗于1956年整理发表，是翻译成汉文的第一部傣族文学作品。2008年6月7日，《召树屯与喃木诺娜》经国务院批准被列入第二批国家级非物质文化遗产名录。

　　二、王子召树屯

在古老的勐板加地方

住着皇后玛茜娜

她梦见老鹰落在屋顶上

过了十个月，生下了一个男孩

为了孩子的命运
国王请来了"摩古拉"[1]
摩古拉翻开了历书
在四十六个格子[2]里寻找幸福

"天空中最能飞的是老鹰
地上跑得最快的是金鹿
孩子的名字啊
应该叫做'召树屯'[3]"

"最好看的玉石常常有斑痕
生得最直的树容易遭受风吹雨淋
幸福的王子
他会遭到爱情的折腾"

十六年的幼苗长成树
十六年的召树屯长成英俊的青年
他的容貌像熔金般闪光
他的心肠像麂子般善良

他像一条神龙
在勐板加地方造下湖水
勐板加的百姓
就像开在湖里的金莲

英俊的召树屯
常常骑着马带着弩箭
在森林里追逐金鹿
在高空中射落飞雁。

他也按照风俗
领着百姓赎佛[4]
祈求"灭巴拉"[5]
给勐板加带来风调雨顺

三、勐董板有七个姑娘

离勐板加很远很远
在那云雾缥缈之间
有一个奇妙的地方
它的名字叫勐董板

勐董板是个好地方
遍地开鲜花
满山是牛羊
来往的人都骑着大象

勐董板的国王叫做"叭团"[6]
他有七个一般大小的姑娘
她们像七只飞雁
披上孔雀的羽毛
就能在天空飞翔

七个公主啊
七朵海棠
花中有花王
最鲜艳的花朵
要算喃婼娜——第七个姑娘

密密丛丛的树林里
有一个镜子般的金湖碧波荡漾

美丽的凤凰在那里栖息
多情的金鹿在望着水中的情郎

湖边有一座古寺
古寺里住着一个"叭拉纳西"[7]
他像蜜蜂一样日夜念经
古寺里的钟声悠悠扬扬

每隔七天
七个美丽的姑娘飞到湖边
每隔七天
湖边的花都为她们开放
雀鸟悄悄飞来偷看
只见千万层白花花的水浪中
七朵鲜花一晃一晃

四、猎人

从竹林中跑出一个猎人
骑着马拿着弩箭
他追逐着一只金鹿
从树林里追到湖边

他忽然站在岸旁
就像拴牛的木桩
金鹿从他脚上奔过
他也没有看见

想吃鱼的翡翠鸟总是蹲在水边
蝙蝠一看见佛寺就绕着飞转[8]
年轻的猎人啊

他的眼睛就像两颗明珠
沉落在湖水中间

落日把他的影子送到水面
惊动了七朵浮莲
好像麻雀看见了老鹰
她们披起羽毛飞向远方

湖水又恢复了平静
鸟雀也飞回森林
只有猎人啊
还在呆呆望着青天

钟声突然把他惊醒
骏马呜呜嘶鸣
他揉一揉眼睛
便打马来到寺院

猎人跪在叭拉纳西的脚下
求他解开爱情的锁链
都卑龙[9]啊
我不知道是在梦里，
还是真正活在人间

我看见湖里有七个姑娘
像莲花一样发出清香
金色的带子装饰在头上
脖子上的珠宝闪烁发光

"可是，她们已经飞向天堂

美丽的天使啊
像彩虹使我眼晕
像老鹰叼去了我的心脏"

叭拉纳西问他是哪里来的猎人
他说他是勐板加的小王子
刚生下来的时候
大家就叫他召树屯

叭拉纳西眯起了眼睛
冷冷地笑了一声
召树屯哀求道："请你不要笑我
我确确实实喜欢她们"

"青年人啊，你抬一抬头
这是佛寺，这是佛身
你还活在人间
就应该遵守人的本分

"她们是天王的公主
她们是神仙的化身
世间从来就没有一条路
通到那个地方

"丢了你的梦想
你不是'锦那丽'[10]
你也没有'锦那暖'[11]的翅膀
就好像爬上树去捉鱼
就好像下到水里捞月亮"

猎人懊恼地拜别了叭拉纳西
像白天的猫头鹰飞出树林
他牵着马又来到金波荡漾的湖旁
用手轻轻拨起浪花
水波中又闪现出七朵红花

树影在水中晃动
七个姑娘对他微笑
慢慢朝他游浮
啊，那是红色的鱼在水中游弋

那是月亮和星星在湖中的光影
那是银河流向金湖
那是神龙带领着虾兵蟹将
在他的湖中巡行

神龙啊，你是我的好朋友
我曾经救过你的生命[12]
如今我遇到困难
你能不能给我帮助

神龙浮出水面
张开嘴哈哈大笑
"我的朋友呀
什么风把你刮到这里

"是病魔纠缠着你
还是有人来攻打勐板加
你是我的救命恩人
我一定为你效命"

猎人诉出了心中的苦恼
神龙又是一阵爽朗的大笑
接着就把七个姑娘的秘密
对召树屯讲了

五、告别

召树屯按照神龙的话
用长刀砍了许多竹子
在大树上搭起了竹棚
他就躲在那里等候

过了一天又一天
月亮在湖里洗了七次脸
凤凰飞来饮了七次水
召树屯在湖边等了七天七夜

那一天无风无云
蓝空里飞来七只孔雀
她们轻轻地落在湖边
又像花一样飘落到水面

笑声泛起波纹
花朵飘向湖心
召树屯悄悄爬到湖岸
拿走了喃婼娜的孔雀衣

召树屯回到了竹棚
便放声歌唱
七个姑娘慌忙回到岸上

喃婼娜不见了衣裳

没有翅膀的鸟不会飞
没有鱼鳍的鱼不会游水
没有衣裳的喃婼娜
无法向天空追她的姐妹

歌声越来越近
喃婼娜慌忙躲进花丛
喃婼娜的手啊
被谁轻轻地牵动

六只孔雀在空中徘徊
她们看见猎人拉住了妹妹
像有六支箭射进她们的心中
像有六把刀砍在她们的身上

十二只翅膀
一齐扑向猎人
六个姐姐的头
一齐冲向召树屯

情人不会吐掉嘴里的槟榔[13]
姑娘不会轻易拔下头上的金簪
召树屯不愿放走心爱的喃婼娜
六个姐姐的眼泪
雨滴般洒在湖上

"再见啊，可怜的喃婼娜

我们向你告别了
要是以前我们做错了什么事
妹妹呵，请你原谅我们

"当我们飞下来的时候
我们总是把你围在中间
现在你竟被猎人捉去
这一切都是命中注定

"我们赶回去告诉爹妈
阿妈会很伤心
阿妈会请求阿爹
赶快派兵来救你"

喃婼娜的眼睛望着天空
眼泪遮住了姐姐们的身影
她低下头说不出话
只向姐姐们"合掌"[14]

"从今以后
我们恐怕不能相见
请把我的话转告父母和头人
喃婼娜啊
永远想念他们。"

（选自《召树屯》，岩叠、陈贵培、刘绮、王松等人整理，云南人民出版社，2009年4月第1版。）

【注释】

[1] 摩古拉，是傣族卜卦算命的人。

[2] 四十六个格子，是傣族卜卦算命的根据，在傣族经书中，相传有46种野兽，前一种野兽管辖后一种。

[3] 召树屯，意即坚强勇敢的王子。

[4] 赕（dǎn）佛，即献佛、敬佛之意。

[5] 灭巴拉，是管理雨水的神。

[6] 叭团，直译为魔鬼的头人，在此当"孔雀国王"解释。

[7] 叭拉纳西，据说是佛教传入中国初期在森林中修行的和尚。

[8] 蝙蝠一看见佛寺就绕着飞转，是傣族成语蝙蝠绕寺飞，传说从前有一个和尚，被头人赶出佛寺，无家可归，由于他十分怀念佛寺，后来就变成了一只蝙蝠绕着佛寺飞。

[9] 都卑龙，直译为大佛爷。

[10][11] 锦那丽、锦那暖，是两种飞得最快的鸟，传说每天飞绕大地77转。

[12] 传说召树屯在金湖边狩猎时看见一只老鹰将神龙叼入空中，召树屯用箭射死老鹰，救了神龙，后来他和神龙结为朋友。

[13] 傣族青年男女在恋爱时，常用槟榔来款待情人。傣族人认为吃了槟榔的人不会变心。

[14] 合掌，傣族的一种礼节，表示对对方的尊敬和诚意。

【思考与练习】

1. 我国传统诗歌"赋""比""兴"的写作手法在这首傣族长诗里也有体现，请分别举例分析。

2. 诗歌是如何表现召树屯对喃婼娜的痴情的？你如何看待召树屯为了追求喃婼娜而付出的种种努力？

3. 《召树屯》富有浓郁的傣族地方特色，请结合课文加以说明。

4. 观看电影《孔雀公主》。

实践活动

多元生命的栖息地

——云南省生物多样性展示会暨知识竞赛

【活动目的】

1.了解云南省作为"植物王国""动物王国"，在生物多样性保护方面的情况和意义，增加相关知识的积累。

2.能结合图片，用简洁流畅的语言介绍云南有代表性的动植物物种，提高当众解说的口语表达能力。

3.增强生物多样性保护意识，能从自己的角度对云南生物多样性保护提出建议。

【活动流程和要求】

一、活动准备

（一）展示会准备工作

1.组建三个展示小组，三个小组分别围绕以下主题进行准备：认识云南生物多样性、多彩多姿的动植物王国、保护生物多样性从我做起。

各组制定小组研究和讲解内容，形成活动计划，明确小组成员分工。

2.搜集相关动植物资料，实地走访中国科学院昆明植物研究所、滇池草海湿地公园、昆明动物园，获取图片和文字资料。

3.制作配套PPT，要求图文并茂，并撰写讲解稿。

4.拍摄讲解视频。

5.对前期搜集和制作的素材进行编辑、整理、加工、美化，加上音效、特效和字幕。

6.推荐或选举展示会主持人2人，主持人做好相关准备工作：了解并督促各小组的准备工作，布置展示会会场，准备主持词和各部分串词。

（二）知识竞赛准备工作

1.从未参加展示活动的同学中选出3~4名同学，准备知识竞赛所需图片和题库。准备题库的同学要注意保密，不得泄露题目。

2.全班同学利用业余时间自学云南特有动植物种类和习性、分布等生物学知识，增加相关知识储备。

3.推荐或选举知识竞赛主持人2人，主持人做好相关准备工作：制定知识竞赛规则和流程，布置知识竞赛场地，准备主持词和各部分串词，组织比赛和评奖。

二、活动流程和内容

（一）云南生物多样性展示会

1.主持人致开篇词，陈述举办展示会的意义及各组准备情况。

2.分为三个板块，各小组依次展示视频：认识云南生物多样性、多彩多姿的动植物王国、保护生物多样性从我做起。

3.主持人组织全班同学投票，选出最佳团队、最佳视频和最佳解说员。

4.教师总结点评，给出指导性意见。

（二）云南生物知识竞赛

1.主持人致辞，宣布知识竞赛规则和流程。

2.在主持人的组织下，按照既定流程开展知识竞赛活动。参赛同学可分为3～4组，答题环节分为必答题、抢答题、击鼓传花等。

3.主持人统计竞赛得分，宣布竞赛优胜组，评出云南生物知识"最强大脑"。

三、成果展示

1.进一步打造解说精品，创造条件到昆明植物园、滇池草海湿地公园和昆明动物园等地实地录制云南生物多样性讲解视频。

2.向云南省生物多样性研究院、相关校园网站和网络教学平台推荐学生创作的优秀讲解稿和讲解视频。

【活动资源】

中国科学院昆明植物研究所官方网站。

中国科学院西双版纳热带植物园官方网站。

【个人总结评价】

1.参与展示活动小组，每位同学计10分（分数为起评分，以下相同）。

2.担任主持人，每位同学计10分。

3.参与知识竞赛出题，每位同学计10分。如果发生泄题事件，酌情扣分。

4.参与知识竞赛答题，每答对1题得1分。竞赛优胜组全组同学每人可加1～2分。

滇西南旅游精品线路

滇西南旅游片区包括普洱市、西双版纳傣族自治州、临沧市等地。

线路一：普洱茶文化之旅

具体行程：普洱祖祥高山有机茶园—景迈山古茶林、翁基古寨、糯干古寨、老达保音乐小镇—那柯里茶马驿站。

线路简介：该线路主要展示云南悠久的茶文化和普洱地区傣族、拉祜族、布朗族风情。

普洱祖祥高山有机茶园：位于普洱市郊区，历史上这里曾是六顺土司的后花园，山清水秀的绝佳风景，使这里成为有机茶种植的茶旅体验馆。从茶树到香茗，一片有机树叶会带给你的不一样的体验。

景迈山古茶林：2023年9月17日，景迈山古茶林文化景观在第45届世界遗产大会上通过审议，被列入《世界遗产名录》，成为全球首个茶文化主题遗产和我国第57项、云南第6项世界遗产。景迈山古茶林文化景观位于云南省普洱市澜沧景迈山，是世界上最早运用"林下茶种植"方式所形成的林茶共生、人地和谐的独特文化景观。古茶林占地面积2.2万亩，可采摘茶叶的面积达1.2万亩，是目前发现的连片面积最大、生态环境最好的一片栽培型古茶园。景迈山古茶林的特色就是"古"和"林"。这里最老的茶树有1300多年，大部分茶树树龄都在百年以上。树高4~6米，最高的能到9米。景迈山是林间开垦和林下种植技术的起源地，布朗族和傣族在森林中开辟茶园，并合理控制光照和养分，从而有效防治病虫害并提高茶叶质量，使古茶林历经千年依旧保持着优良品质并焕发出蓬勃生机。

翁基古寨：这是一个保留了完整的布朗族传统风貌的古寨。这里的布朗族世代都居住在风格独特的干栏式建筑里，古老的砖瓦间还会有石斛生长，屋檐上象征一芽两叶的图腾反映出了茶与布朗族的渊源。作为最早种植茶叶的民族，将岁月与茶香融为一体是他们一生的追求。沉淀了千年时光的翁基，至今仍茶香醇厚。

糯干古寨：位于澜沧景迈山，是一个只有100多户人家的千年傣族古寨。寨子被群山环抱，是非常难得的无商业气息的原生态古寨，犹如一个世外桃源，隐匿在茶山之中。这里家家户户都种茶。茶已经深植于他们的生活，更深入到他们的精神世界。糯干，傣语的意思是"鹿饮水的地方"，据说因为曾经有成群结队的野鹿至此饮水而得名。

老达保音乐小镇：位于澜沧拉祜族自治县酒井乡勐根村。老达保是澜沧拉祜族自治县一个非常原始的充满神秘色彩的拉祜族村寨，这里被称为"一个被音乐宠爱的地方"。这里每个人都能歌善舞，极富音乐天赋。老达保是《快乐拉祜》唱响的地方，也是国家级非物质文化遗产《牡帕密帕》和《拉祜族芦笙舞》的保护传承基地之一。

那柯里茶马驿站：那柯里是古普洱府茶马古道上的一个重要驿站，位于宁洱哈尼族彝族自治县南部。这里依山傍水，保存着较为完好的茶马古道遗址，悠久的历史文化和茶文化在这里交织，形成了独特的文化底蕴。那柯里作为普洱茶叶的集散地，是民间开展商贸交流的重要集镇，串联起由南至北的一个个贸易重镇。唐朝以来，随着西藏地区对云南茶叶的需求增大，用马驮茶赴西藏交易的贸易方式，成就了一条重要交通要道，这就是著名的茶马古道。茶马古道成就了普洱茶，也成就了茶马古道上行走的马帮。

线路二：西双版纳、普洱亲近自然及感受傣族风情之旅

具体行程：普洱国家森林公园（小熊猫庄园）—野象谷—曼掌村—中国科学院西双版纳热带植物园。

西双版纳
热带植物园

线路简介：该线路主要展示云南南部生物多样性景观特色和傣族的非遗传承项目。

普洱国家森林公园：普洱市首批国家AAAA级景区，森林覆盖率97.45%，总面积32万亩，保存着中国面积最大、最完整的南亚热带季风常绿阔叶林，有"北回归线上最大的绿洲""中国最后的动植物天堂"等美誉。园内已知动植物2 800多种，是国内唯一能在野外环境中与众多动物亲密互动的景区。这里有茂密幽深的原始森林，到处山花烂漫、古树峥嵘、苍藤蜿蜒，鸟唱蝉鸣，呈现出大自然的和谐美景。

野象谷：距离景洪市区约30千米，位于西双版纳国家级自然保护区勐养子保护区、"联合国教科文组织人与生物圈保护区"内，是中国首个以动物保护和环境保护为主题的国家公园，面积约370公顷。野象谷主景区内建有游览步行道、专供游人观看野象出没的高架走廊，沿途还可以观赏大板根、植物绞杀、老茎生花等热带雨林景观。

曼掌村：位于景洪市勐养镇，是一个有着悠久历史的原始傣族村落。游客在这里能感受原汁原味的傣族民俗风情，到曼掌村一定要体验当地的傣族国家级非物质文化遗产，如傣纸制作技艺、慢轮制陶技艺、象脚鼓舞、贝叶经制作技艺、傣族织锦技艺等，还可以参观傣族的传统民居建筑——傣家竹楼（属于干栏式建筑）。这里的旅游开发与传统文化保护结合得很好，是乡村振兴示范点。

　　中国科学院西双版纳热带植物园：位于西双版纳傣族自治州勐腊县勐仑镇，坐落在有"亚洲多瑙河"之称的澜沧江——湄公河支流罗梭江景色如画的葫芦形半岛上。该植物园占地约1 125公顷，是一个集科学研究、物种保存、科普旅游于一体的综合性研究机构，还是国家AAAAA级景区、全国科学普及教育基地和全国文明单位等。该植物园是著名植物学家蔡希陶在1959年所创建的。园内有名人名树园、国树国花园、棕榈园、榕树园、水生植物园等40个独具科学内涵的专类园区以及一片面积约250公顷的原始热带雨林，有引自国内外的13 700多种热带植物。最重要的是，这里保持了生态功能的系统性和完整性，游客可以了解到丰富的植物学知识。

延伸阅读

茶马古道

杨洁卿

有人说，云南的历史是随着马蹄走过来的，深沉而凝重。这条穿越横断山脉与喜马拉雅地区最漫长、最险峻的古道就是茶马古道。茶马古道是唐宋以来汉、藏族及其他民族之间进行商贸往来的重要商道。它以贩运茶叶为主要内容，以马帮为主要运输方式，是我国西南地区具有独特历史文化价值的重要线性文化遗产。茶马古道主要分布在云南、四川、贵州、西藏、青海和甘肃等省份。被列入第七批全国重点文物保护单位的茶马古道主要分布在云南省、四川省、贵州省。滇藏茶马古道沿线各驿站，蕴藏着来自商业贸易古道的厚重历史。脚踩斑驳的马蹄印，那茶马古道上清脆的马铃铛、嗒嗒的马蹄声，仿佛又在耳边响起。

茶马古道源于汉藏之间源远流长的茶叶贸易，开始于唐代，成形于宋元，清代达到鼎盛，至民国逐渐衰败。滇藏茶马古道南起云南的普洱、经下关、丽江、中甸、德钦，西进拉萨。

茶马古道产生的根源是藏族群众对茶叶的强烈需求。西藏属于高寒山区，肉类是藏族群众的主食，缺少蔬菜，过多的脂肪在人体内不易分解，而茶叶既能分解脂肪，又防止青稞炒面的燥热，还能够提供维生素和微量元素。所以，藏族群众在长期的生活中，养成了喝酥油茶的生活习惯。我国西北地区食肉饮酪的民族中有"一日无茶则滞，三日无茶则病"之说。

在民国年间，由于藏区茶叶消耗巨大，通过茶马古道入藏的滇茶一年至少有一万担。

众所周知，普洱府盛产大叶茶，为方便长途运输，防止霉变，茶叶被制成紧压茶，形如坨状、饼状。从起点至终点，抬上抬下近千次，茶叶吸收了野花、野草和泥土的味道，无意间的自然发酵、渥堆过程，使普洱茶到西藏后饮用口感更加浓郁、回味无穷，打出的酥油茶特别香醇。如此的长途运输，造就和形成了传统普洱茶越陈越香的独特品质。哪怕云南茶叶运程遥远、价格昂贵，也阻挡不了藏族人民对它的喜爱。

马帮是茶马古道主要的运输方式。马帮主要由马锅头和马脚子组成，而马锅头就是马帮的组织者和领导者。他们负责接洽生意，且娴熟掌握赴藏路线，有能力，有胆识，有智谋。马脚子必须听从马锅头的指挥，他们要负责沿途马匹和货物的安全。每个马脚子一般负责七八匹马，马脚子和他所照管的马匹、货物被称为"一把"，这样几把、几十把在一起就成了马帮。赴藏马帮全用负载能力强的骡子，且用母骡作头骡和二骡。头骡和二骡必须毛发色泽光亮，膘壮且高大，有到过藏区的经验，因为它们不仅代表着马帮的门面，而且对整个马帮有着领头的作用。过草地，它们能识别毒草；过沼泽，它们会选择可行的路线，正所谓老马识途嘛！头骡、二骡被装饰得十分漂亮，额前挂着色彩鲜艳的脸形饰品，上面镶有圆形小镜在阳光下闪闪发光，胸前挂着叮当作响的串铃，既能作装饰，又能提醒迎面而来的马帮在狭路相逢时及早相让。得力的尾骡紧压阵脚，使马帮行列形成一个整体，跋山涉水，奋勇向前。古道上那斑驳可见的马蹄印，见证着历史的沧桑。

　　茶马古道是一条金链，它串起了普洱、大理、丽江和中甸这一颗颗珍珠。茶马古道是一条彩带，它团结了哈尼族、汉族、傣族、白族、藏族和纳西族等众多的兄弟姐妹。茶马古道是——古老的梦。

（该导游词为2012年云南省导游技能大赛金奖获奖作品，有修改。）

第五板块 滇东南景点文学

出 郊[1]

◎ [明] 杨 慎

出郊

【导读】

有"明代第一大才子"之称的杨慎，24岁殿试第一，名满天下，授翰林院修撰，秉性刚直，每事必直书。嘉靖三年（1524年），37岁的杨慎因偕同列大臣与世宗皇帝争议"大礼"，被贬云南永昌卫（今云南保山），永不叙用，流放云南，"红颜而出，华颠未归"，直到72岁去世，被称为"千古奇谪"。杨慎谪居云南期间，被当地人的淳朴热情所感染，陶醉于云南秀美多姿的自然山水中，与当地各界人士多有来往，他笔下的写景、思乡、怀归之诗所占比重很大。

《出郊》描绘了云南梯田优美如画的景色，诗中有画，静中有动，构成了一幅清新自然的绿野美景图，颇有唐朝诗人王维田园诗的意境。云南地形高山众多、沟壑纵横，当地人因地制宜，在很多地区形成了梯田农耕生产模式。其中，红河元阳梯田以其历史悠久、规模宏大、景色壮观而闻名于世，被誉为"真正的大地艺术"。

古代诗人、画家常以鹭鸶比喻思乡之情，阅读时我们要理解白鹭这一意象的内涵，体会诗人浓郁的思乡之情。

高田[2]如楼梯，

平田[3]如棋局。

白鹭忽飞来，

点破[4]秧针[5]绿。

（选自《升庵集》卷三十三，文渊阁《四库全书》1 270卷，台湾商务印书馆1986年影印版。）

【注释】

[1] 郊，泛指城外、野外、郊外。

[2] 高田，沿着山坡开辟的田畦，又叫梯田。

[3] 平田，指山下平地上的田块。

[4] 点破，打破了。

[5] 秧针，秧苗。

【思考与练习】

1.本诗的诗眼是什么？请简要阐述理由。

2.本诗描绘了云南梯田秀美壮丽的景象，请问诗中是如何展现梯田美景的？写出了梯田的什么景观特色？

3.杨慎谪居云南30多年，留下了大量诗词作品，极大地丰富了云南的地方文化内涵。请查阅资料，探究杨慎诗词中的云南之美。

【知识链接】

哈尼族梯田文化

哈尼族梯田的开垦历史和基本情况

《尚书·禹贡》记载，"和夷"所居的大渡河畔，"厥土青黎，厥田惟下上，厥赋下中，三错"，这可能是汉文史籍对梯田和哈尼族治理梯田的最早记载。另据《蛮书·云南管内物产》记载："蛮治山田，殊为精好。""山田"指梯田，从这个记载可以看出，在距今1 000多年前的唐代，梯田便已出现，且达到较高耕作水平。宋代范成大《骖鸾录》说："岭阪上皆禾田，层层而上，至顶，名梯田。"明代，徐光启《农政全书》卷五写道："梯田，谓梯山为田也"，并把梯田列为我国古代七种田制（区田、圃田、围田、架田、柜田、梯田、涂田）之一。清代嘉庆《临安府志·土司志》描述："依山麓平旷处，开凿田园，层层相间，远望如画。至山势峻极，蹑坎而登，有石梯蹬，名曰梯田。水源高者，通以略（卷槽），数里不绝。"

梯田文化的主体创造者是哈尼族。哀牢山地区生活着众多民族，形成"傣族、壮族居水头（河谷平坝），汉族、回族居街头（城镇及交通沿线），哈尼族、彝族居坡头（半山区），苗、瑶在山头（高寒山区）"的立体分布格局。具有悠久梯田耕作历史、占本民族人口76%、占此区域人口总和一半以上的哈尼族是梯田文化的主体创造者。

梯田随山势地形变化，因地制宜，坡缓处开辟大田，坡陡处开垦小田，大者有数亩，小者仅有簸箕大，往往一坡就有成千上万亩，规模宏大，雄伟壮观。跨红河、思茅、玉溪等地州市，涉及十多个县，规模近7万公顷，集中连片分布达700公顷，最高至5 000多台，从海拔400米的河谷地带沿等高线逐级向上爬升到1 900米的高山。仅元阳一县就有17万亩梯田。梯田坡度为15°~75°。众多梯田，在苍茫森林的掩映中，在缥缈云雾的笼罩下，构成了一幅神奇壮美的画卷。

自1993年起，法国影视人类学家扬·拉玛四度到元阳摄影采风，并在老虎嘴田棚度过蜜月，其以元阳哈尼族梯田文化为主题的电影作品《山里的雕塑家》在全球38个国家发行后引起轰动；1995年，法国人类学家让·欧也纳博士考察后感叹说："哈尼族的梯田，这才是真正的大地雕塑。"1997年，美国福特基金会中国项目官员麦斯文一边观览梯田一边激动地说："多么美妙的哈尼族梯田文化，真是了不起，千万不要破坏它一点点。"2013年6月22日，第37届世界遗产大会通过审议，将中国云南红河哈尼梯田文化景观列入联合国教科文组织世界遗产名录。同年，其又被选为全国重点文物保护单位、中国十大魅力湿地。

哈尼族梯田的文化内涵

哈尼族梯田文化内涵丰厚，具有科学性和完整性，具体表现如下。

1.“江河、梯田、村寨、森林"四素同构的人与自然高度和谐与可持续发展的良性循环生态环境。哈尼族的生活环境一般由"江河、梯田、村寨、森林"四要素构成，并形成微妙的生态循环关系：山脚河水受热蒸发升空凝结为云海形成降雨，哺育森林、村寨，最后经梯田复归江河，然后再升空降雨、再回归江河，周而复始地循环；村寨建于半山腰，寨子下方和两侧是梯田，为粮食生产基地，是哈尼人的生存之本；村寨上方的高山森林茂密，是整个自然生态系统的核心，有蕴藏水源、保持水土、防风固沙、防洪抗旱、净化空气、调节气温等作用，哈尼人深谙其重要性，形成了朴实的自然生态观，严禁乱砍滥伐、过分掠夺森林资源，神圣不可侵犯的"神林"就是证明。

2.以梯田农业为核心构建的哈尼族传统文化。梯田是哈尼民族生存和生活的根本，以梯田农业为生的哈尼人，在民居、服饰、饮食、生产、节庆、婚丧、文学艺术、信仰崇拜、价值观念、伦理道德等方面都带有梯田农耕的烙印。比如，哈尼族播种前"换龙巴门"（寨门，神圣不可侵犯），祈求寨神保佑风调雨顺、五谷丰登；插秧开始前有"黄饭节"，拉开春忙序幕；谷子打苞时有"别我捏"，即捉虫之意，防止昆虫糟蹋庄稼；谷花开时，有"卡耶"，祭谷花求丰收；阴历六月，欢度"苦扎扎"节（六月年），杀牛祭祖，燃烧火把驱逐虫兽，祈求丰收；秋收大忙前有"尝新节"，引谷魂回家，做秋收准备；阴历十月，稻谷归仓，梯田翻犁，哈尼族大年"十月节"到来。

3.哈尼梯田、村寨与周围自然条件共同营造的大地艺术、气象景观、森林景观、地貌景观等体现着独特的美学意义，具有梯田文化色彩。此外，哈尼山乡在漫长历史中创造的一些名胜、古迹（如土司衙署）等人文景观，与哈尼族梯田农耕生活、农耕历史有千丝万缕的联系，亦可归属于梯田文化。

哈尼族梯田文化形成的原因

（一）自然地理方面的原因

哈尼族的梯田农业，是利用哀牢山区独特的地貌、气候、植被、水体、土壤等立体性特征创造出来的与自然生态系统相适应的良性农业生态循环系统。

地貌条件。哀牢山为云岭山脉分支之一，苍苍茫茫，绵亘千里，和与之相伴的红河从西北向东南贯穿云南大地，成为云南地理单元的分界线，此线以东是起伏和缓的滇东高原，以西为滇西横断山纵谷地带。哈尼族聚居于该线以南。此地区红河支流众多，地貌断面呈"V"形发育，山高谷深，沟壑纵横，为大规模开垦梯田提供了空间条件和必然选择。

气候、植被、水体条件。哀牢山地区属亚热带季风类型，立体气候明显，可谓"一山分四季、十里不同天"。山脚河谷炎热，山腰半山区温和，山头高山区寒冷。梯田普遍分布于半山腰以下，半山腰以上为大森林。山脚河水受热蒸发凝聚为云雾及雨水，降水通过森林的过滤、贮藏，汇为常年流淌的溪瀑，形成"山有多高，水有多高"的灌溉条件，茂密的森林就犹如一座座巨大的天然绿色水库，供应着梯田的用水。哈尼族利用这一优势，开挖水沟，引水入渠，灌溉梯田，田水层层向下回归江河，形成一个良性循环的生态系统。

土壤条件。哀牢山土壤类型多样，分为5个土纲、11个土类、28个亚类，以黏性较强的黄壤、红壤为主，间有大量肥沃的深棕色森林土，为垦筑上千台而不易溃决的梯田及水稻种植创造了土壤条件。

（二）历史人文方面的原因

首先，哈尼族梯田文化的形成与本民族历史渊源和迁徙经历相关。哈尼族源于中国古代的氐羌族群，原为游牧民族，在从甘青高原自北向南迁徙的漫长历史中，逐渐吸取农耕文化要素，最终转型为农耕民族。春秋战国时，哈尼族先民"和夷"迁徙至今大渡河、安宁河（阿泥河）、雅砻江流域一带（哈尼族史诗中的"努玛阿美"），逐渐吸收南方夷越民族的稻作文化，出现《尚书·禹贡》所言"厥土青黎，厥田惟下上"的局面。唐宋时，哈尼族已定居于哀牢山和无量山之间，成为"治山田，殊为精好"的农耕民族，农耕文化初步定型。哈尼族迁徙史诗《哈尼阿培聪坡坡》记述的南迁路线与史籍记载情况基本吻合。

哈尼族先民居住于遥远的北方一个称"虎尼虎那"的地方，后因人口增加而向南迁徙，在几经辗转后，最终进入哀牢山区定居下来。史诗记述，哈尼族有水边、平坝生活生产的经历，易受到稻作农耕文化影响。当哈尼族迁徙到红河南岸时，河谷坝区有傣、壮和百越民族，坝区稻作农业已很发达，故进山开垦处女地成了生存下去的唯一选择。哀牢山便成为哈尼族创造梯田的选择，梯田文化最终得以在这片土地上生根、成长。

其次，哈尼族梯田文化的形成得益于中央的边疆民族政策。中国历代中央政府都重视边疆的稳定，鼓励拓荒造田，尤其到元明时，大力实行移民屯田政策，有效促进了哈尼山乡大量梯田的开垦。作为中央政策的执行者，哈尼族土司或首领成为开荒垦田的重要组织者，不少哈尼族首领因此被朝廷授予官职世代相袭。

另外，哈尼族梯田文化是哈尼族聪明才智以及哈尼族与同区域各民族和谐共创的成果。梯田是坝区稻作水田的山区成功移植，是一项艰巨的创作工程，耗费了哈尼人千百年的心血与汗水，融入了哈尼人超群的民族智慧，闪烁着哈尼人富于创新、坚韧不拔、团结互助、兼收并蓄的民族精神和乐观豁达的民族性格。哈尼人居住的半山区山高坡陡，生产条件差，但哈尼族祖先积极吸取百越坝区稻作文明成果，利用"山有多高、水有多高"的自然条件，依靠集体力量，以"愚公移山"精神通过世代不懈努力，在山区开荒拓地、开沟引水，从一级、一丘开始，挖到几十级、几百级乃至数千级，把一座座高耸的大山驯服为绵延不绝的良田，把生存原本艰难的山区改造成人与自然高度和谐与可持续发展的美丽家园。哈尼族与汉族、傣族、彝族、苗族、瑶族等民族同居一山，和谐共处，互通有无。哈尼族向汉族学习先进文化和技术；哈尼族与山下的傣族互相帮忙，甚至共同管理和利用资源，两族间的"牛亲家"关系就是例证；哈尼族与彝族共同居住于半山区，一起经营梯田；哈尼族重视和苗族、瑶族的关系，苗族、瑶族居住的高山区分布着森林，是梯田水源，哈尼族助其在山腰开田，甚至赠其梯田，传授耕作技术，逐渐改变两族的游耕生产方式，有效促进了对森林的保护，从而维护了整个生态环境。

哈尼族梯田文化是人类既利用自然又遵从自然规律的典范，体现出人与自然的天人合一及人与人的高度和谐。哈尼族梯田文化也是一个生生不息、有着高度传承与持续发展的有机系统。直到今天，哈尼族梯田文化仍在发展，梯田依然是哈尼民族物质生活和精神生活的根本，在未来，这一地位亦无可替代。从这一角度而言，哈尼族梯田文化比其他自然遗产或文化遗产更具社会、经济意义。

（资料来源：陈燕，《哈尼族梯田文化的内涵、成因与特点》，《贵州民族研究》2007年第27卷第4期，第105-109页，有修改。）

异龙湖

◎[清] 袁嘉谷

【导读】

　　袁嘉谷（1872—1937年），清末云南石屏人，字树圃，晚号屏山居士，清光绪癸卯年取经济特科一等第一名，是云南历史上唯一的状元。辛亥革命爆发后，袁嘉谷回到云南，致力于著书立说，参与创办东陆大学（现云南大学），任国学教授15年。素有"文献名邦"之称的石屏，养育了袁嘉谷，袁嘉谷也偏爱着这片神奇的土地。家乡的异龙湖是袁嘉谷魂牵梦萦的地方，异龙湖的美景如一幅山水画卷，在袁嘉谷笔下自然而灵动，远近皆景，静中有动，色彩浓淡相宜。

　　异龙湖为云南五大高原湖泊之一，排名第四，仅次于滇池、洱海、抚仙湖，是石屏人民的母亲湖。进入盛夏，湖内荷花争奇斗艳，清香远溢，碧波浩渺，洲岛错落，鸥鹭翩飞，游人如织。静读这首诗歌，用心体会异龙湖秀美恬静的自然之美与人文之美，学习袁嘉谷锤字炼句的功夫和对家乡的赞美与热爱。

三五人家绿到门，
柳花篱落[1]荻花村。
湖鱼卖处秋云湿，
野犬声中夕照昏。
蓬岛[2]遥呼仙作侣，
莳田[3]差[4]喜稻生孙[5]。

一尊吸尽波心[6]月，

莫使蛟龙夜夜吞。

（选自《袁嘉谷文集·二》，袁嘉谷著，云南人民出版社，2001年12月第1版。）

【注释】

[1] 篱落，用竹条或木条编成的栅栏。

[2] 蓬岛，神话传说中的蓬莱仙岛。

[3] 葑（fēng）田，湖面为茭蒲等水生植物占满，而湖泊渐趋干涸，称为葑田。

[4] 差，程度副词。仅也，略也，较也。

[5] 稻生孙，稻割后再次抽生出苗叶。

[6] 波心，水中央。

【思考与练习】

1. "三五人家绿到门"这句诗中最有表现力的是哪一个字？请简要分析。

2. "一尊吸尽波心月，莫使蛟龙夜夜吞。"这两句诗运用了哪些修辞手法，请简要分析其作用。

3. 近些年来，在国家和地方的大力保护下，异龙湖的生态环境越来越美，成为红河哈尼族彝族自治州继红河哈尼梯田国家湿地公园后第2个正式的国家湿地公园。请查阅资料，谈谈湿地生态保护的意义。

【知识链接】

异龙湖：水清景美人鸟共欢

异龙湖位于云南石屏县城东边，是珠江西源生态屏障的重要组成部分，为云南省九大高原湖泊之一，有"第二西湖"之美誉。美丽的高原明珠——异龙湖，是石屏人民的母亲湖。她养育了一代又一代石屏人，同时也为野生鸟类提供了一个很好的生存环境。

近年来，石屏县对异龙湖及周边人居环境进行了综合整治，加大了对湖泊的生态修复力度，并建立了相应的管理长效机制，确保了异龙湖自然资源和生态湿地系统得到有效保护；同时，着力打造湖城一体生态旅游核心区，实现"城在湖边、湖城相拥"融合发展。

异龙湖国家湿地公园总规划面积3 749公顷，其中湿地面积3 636公顷，湿地率97%，规划有生态保育区、生态恢复区、合理利用区、科普宣教区及管理服务区5个功能区，是一个集人文景观、自然景观、科普宣教于一体的湿地公园。

随着异龙湖生态环境的改善，天然湖滨带及生态系统多样性逐步恢复，母亲湖重放昔日光彩。截至 2021 年 5 月，异龙湖湿地及周边共有维管束植物 216 种，其中金荞麦为国家二级保护植物，多孔茨藻、荇菜、苦草为珍稀物种。野生鸟类 167 种，其中国家一级野生鸟类两种——黑鹳、彩鹮；国家二级野生鸟类 16 种——棉凫、黑颈䴙䴘、褐翅鸦鹃、紫水鸡、水雉、黑翅鸢、栗鸢、普通𫛭、白腹鹞、白尾鹞、白胸翡翠、红隼、游隼、红嘴相思鸟、滇䴓、红喉歌鸲。

保护治理后的异龙湖水更清、天更蓝、景更美，物种得到不断丰富，生态湿地展现出新的魅力，呈现出一幅水清岸绿、景美民乐的和谐画卷。

蒙自杂记

蒙自杂记

◎朱自清

【导读】

抗日战争期间，国立西南联合大学迁至云南。1938年4月，因昆明校舍不敷使用，国立西南联合大学文法学院暂迁至蒙自，时任国立西南联合大学中国文学系主任的朱自清，随校在蒙自任教居住。1939年2月朱自清写下《蒙自杂记》，留下了那个不平凡的年代里，属于祖国西南边陲小城的一段记忆。

《蒙自杂记》带着朱自清特有的气质。朱自清从蒙自的平凡之中，看出了蒙自的特别之处，普普通通的小镇在他那里变得有滋有味。阅读时，我们要像朱自清一样用一双善于发现美的眼睛，去细心感受抗日战争时期蒙自特有的风土人情和社会风貌。

《蒙自杂记》不仅是一篇记叙风土人情的散文，它还记录了朱自清在抗日战争时期的心态。国难当头之时，朱自清从未沉浸在世外桃源式的情境里，文中几次提到了抗日战争，字里行间充满了对胜利的期待。阅读时，我们要透过这些温暖的文字，读懂朱自清那颗拳拳爱国心。

　　我在蒙自住过五个月，我的家也在那里住过两个月。我现在常常想起这个地方，特别是在人事繁忙的时候。

　　蒙自小得好，人少得好。看惯了大城的人，见了蒙自的城圈儿会觉得像玩具似的，正像坐惯了普通火车的人，乍踏上个碧石小火车，会觉得像玩具似的一样。但是住下来，就渐渐觉得有意思。城里只有一条大街，不消几趟就走熟了。书店，文具店，点心店，电筒店，差不多闭了眼可以找到门儿。城外的名胜去处，南湖，湖里的崧岛，军山，三山公园，一下午便可走遍，怪省力的。不论城里城外，在路上走，有时候会看不见一个人。整个儿天地仿佛是自己的；自我扩展到无穷远，无穷大。这教我想起了台州和白马湖，在那两处住的时候，也有这种静味。

　　大街上有一家卖糖粥的，带着卖煎粑粑。桌子凳子乃至碗匙等都很干净，又便宜，我们联大师生照顾的特别多。掌柜是个四川人，姓雷，白发苍苍的。他脸上常挂着微笑，却并不是巴结顾客的样儿。他爱点古玩什么的，每张桌子上，竹器磁器占着一半儿；糖粥和粑粑便摆在这些桌子上吃。他家里还藏着些"精品"，高兴的时候，会特地去拿来请顾客赏玩一番。老头儿有个老伴儿，带一个伙计，就这么活着，倒也自得其乐。我们管这个铺子叫"雷稀饭"，管那掌柜的也叫这名儿；他的人缘儿是很好的。

城里最可注意的是人家的门对儿。这里许多门对儿都切合着人家的姓。别地方固然也有这么办的，但没有这里的多，散步的时候边看边猜，倒很有意思。但最多的是抗战的门对儿。昆明也有，不过按比例说，怕不及蒙自的多；多了，就造成一种氛围气，叫在街上走的人不忘记这个时代的这个国家。这似乎也算利用旧形式宣传抗战建国，是值得鼓励的。眼前旧历年就到了，这种抗战春联，大可提倡一下。

蒙自的正式宣传工作，除党部的标语外，教育局的努力，也值得记载。他们将一座旧戏台改为演讲台，又每天张贴油印的广播消息。这都是有益民众的。他们的经费不多，能够逐步做去，是很有希望的。他们又帮忙北大的学生办了一所民众夜校。报名的非常踊跃，但因为教师和座位的关系，只收了二百人。夜校办了两三个月，学生颇认真，成绩相当可观。那时蒙自的联大要搬到昆明来，便只得停了。教育局长向我表示很可惜；看他的态度，他说的是真心话。蒙自的民众相当的乐意接受宣传。联大的学生曾经来过一次灭蝇运动。四五月间蒙自苍蝇真多。有一位朋友在街上笑了一下，一张口便飞进一个去。灭蝇运动之后，街上许多食物铺子，备了冷布罩子，虽然简陋，不能不说是进步。铺子的人常和我们说："这是你们来了之后才有的呀。"可见他们是很虚心的。

蒙自有个火把节，四乡是在阴历六月二十四晚上，城里是二十五晚上。那晚上城里人家都在门口烧着芦秆或树枝，一处处一堆堆熊熊的火光，围着些男男女女大人小孩；孩子们手里更提着烂布浸油的火球儿晃来晃去的，跳着叫着，冷静的城顿然热闹起来。这火是光，是热，是力量，是青年。四乡地方空阔，都用一棵棵小树烧；想象着一片茫茫的大黑暗里涌起一团团的热火，光景够雄伟的。四乡那些夷人，该更享受这个节，他们该更热烈的跳着叫着吧。这也许是个被除节，但暗示着生活力的伟大，是个有意义的风俗；在这抗战时期，需要鼓舞精神的时期，它的意义更是深厚。

南湖在冬春两季水很少，有一半简直干得不剩一点二滴儿。但到了夏季，涨得溶溶滟滟的，真是返老还童一般。湖堤上种了成行的由加利树；高而直的干子，不差什么也有"参天"之势，细而长的叶子，像惯于拂水的垂杨，我一站到堤上禁不住想到北平的什刹海。再加上崧岛那一带田田的荷叶，亭亭的荷花，更像什刹海了。崧岛是个好地方，但我看还不如三山公园曲折幽静。这里只有三个小土堆儿，几个朴素小亭儿。可是回旋起伏，树木掩映，这儿那儿更点缀着一些石桌石墩之类；看上去也罢，走起来也罢，都让人有点余味可以咀嚼似的。这不能不感谢那位李崧军长。南湖上的路都是他的军士筑的，崧岛和军山也是他重新修整的；而这个小小的公园，更见出他的匠心。这一带他写的匾额很多。他自然不是书家，不过笔势瘦硬，颇有些英气。

联大租借了海关和东方汇理银行旧址，是蒙自最好的地方。海关里高大的由加利树，和一片软软的绿草是主要的调子，进了门不但心胸一宽，而且周身觉得润润的。树头上好些白鹭，和北平太庙里的"灰鹤"是一类，北方叫做"老等"。那洁白的羽毛，那伶俐的姿态，耐人看，一清早看尤好。在一个角落里有一条灌木林的甬道，夜里月光从叶缝里筛下来，该是顶有趣的。另一个角落长着些芒果树和木瓜树，可惜太阳力量不够，果实结得不肥，但沾着点热带味，也叫人高兴。银行里花多，遍地的颜色，随时都有，不寂寞。最艳丽的要数叶子花。花是浊浓的紫，脉络分明活像叶，一丛丛的，一片片的，真是"浓得化不开"。花开的时候真久。我们四月里去，它就开了，八月里走，它还没谢呢。

1939年2月5—6日作。

（选自《朱自清散文经典全集》，朱自清著，北京出版社，2007年1月第1版。）

【思考与练习】

1.在朱自清的笔下，蒙自的风土人情和社会风貌是怎样的？请简要概括。

2.本文蕴含了作者怎样的情感？请简要归纳。

3.朱自清是现代散文大家，他的散文被誉为"白话美文的典范"，具有语言浅近精练、结构缜密、意境清丽、情感真挚等特点。请结合课文，体会朱自清散文的艺术特点。

4.请阅读《西南联大在蒙自》一文，并结合课文内容，写一篇关于西南联大蒙自分校纪念馆的导游词，在全班做讲解。

【知识链接】

西南联大
蒙自分校

西南联大在蒙自

一提到西南联大，人们脑海中出现的第一个地名大多是昆明，因为学校在昆明度过了8年时光。其实，在西南联大的历史上，还有一个地名也应该被铭记，这就是红河哈尼族彝族自治州蒙自市。南迁期间，西南联大的校区曾经在此设置过分校。

1937年，中日大规模战争爆发，日本凭借兵力优势迅速占领了东北、华北的大部分地区，为保存教育火种，北京大学、清华大学、南开大学等高校纷纷南迁。11月1日，三所学校在湖南岳麓山下组成了长沙临时大学，开学一个月后，日军沿长江一线步步紧逼，长沙告急，为保证教学活动正常开展，临时大学继续南迁，于1938年2月进入云南,并改名为国立西南联合大学。

在云南办学的8年间，西南联大下设文、法、理、工、师范5个学院26个系，两个专修科，一个先修班，全校学生约3 000人。学校虽物资匮乏、校舍简陋、图书资料不足，但坚持正常开展教学与科学研究。联大学生来自全国各地，经过统一考试择优录取，学校还会集了大批全国一流学者，条件虽然艰苦，还是为国家培养输送了大批人才，其中不乏投笔从戎的学生。资料统计，西南联大从军学生前后共达800人，他们中的一些人甚至还未毕业，有感于局势日趋严重，无法安心求学，毅然投笔从戎，从学校直奔战场。

1938年4月，文学、法学两院师生在蒙自设立南湖分校。他们分两条路线到达蒙自：一路由长沙南下，经广州、香港、越南海防，乘滇越铁路火车到达蒙自；另一路自湘黔步

行入滇，再从昆明沿滇越铁路至蒙自。

因中法战争以及滇越铁路的修建，蒙自是云南最早的开放地之一。蒙自人以同胞之情和对文化人的崇仰，慷慨接纳了西南联大师生的到来。政府和士绅积极响应，把师生安顿在风景秀丽的南湖之滨。空置的蒙自海关税务司署旧址大院和东方汇理银行旧址，被用作分校的教室和办公室；一些教师和学生安排在临近湖岸的哥胪士洋行楼内，这是在当时的蒙自很先进时髦的一座西式楼房，带家眷的教师和女学生则住在南湖北边的城里。一位姓周的乡绅，将自家位于南湖边的房子辟为宿舍，提供给联大的学生居住。每天晚自习结束后，出于安全考虑，这位好心的乡绅还派人手持火把和红缨枪，到学校接下晚自习的女学生回宿舍。

那时，在蒙自讲学的教授有陈岱孙、郑天挺、陈寅恪、闻一多、朱自清、冯友兰、钱穆、吴宓、叶公超等。闻一多在给友人张秉新的信中说："蒙自环境不恶，书籍亦可敷用，近方整理诗经旧稿，索性积极，对国家前途只抱乐观。前方一时之挫折，不足使我气沮，因而坐废其学问上之努力也。"随西南联大师生来到蒙自后，闻一多就一直埋头于古代文化典籍的研究，到了"除了吃饭上课之外，难得下楼一次"的程度。郑天挺回忆："我和闻先生是邻屋，闻先生十分用功，除上课外轻易不出门。饭后大家去散步，闻先生总不去，我劝他说何妨一下楼呢，大家笑了起来，于是成了闻先生一个典故，一个雅号——'何妨一下楼主人'，犹之古人不窥园一样，是形容他的读书专精。"作为一个学者，闻一多在抗战初期埋头于学术，这是作为一个学者的生存方式的坚守，也表明了对抗战前途的信心。如今在西南联大蒙自分校旧址上，闻一多的旧居还在，匾额正是"一下楼"。

朱自清先生在散文《蒙自杂记》中，这样记录西南联大师生在蒙自的生活："蒙自小得好，人少得好。看惯了大城的人，见了蒙自的城圈儿会觉得像玩具似的，正像坐惯了普通火车的人，乍踏上个碧石小火车，会觉得像玩具似的一样。但是住下来，就渐渐觉得有意思。城里只有一条大街,不消几趟就走熟了。书店，文具店，点心店，电筒店，差不多闭了眼可以找到门儿。城外的名胜去处,南湖，湖里的崧岛，军山，三山公园，一下午便可走遍，怪省力的。不论城里城外，在路上走,有时候会看不见一个人。整个儿天地仿佛是自己的；自我扩展到无穷远，无穷大。"

蒙自虽然地处南疆，但中西合璧的生活方式随处可见。街上既有中式的茶馆、饭店，也有西式的咖啡馆。西南联大师生不仅可以进茶馆喝茶，吃到正宗米线，还可以到咖啡馆喝咖啡，海关大楼附近，有几家越南人开的咖啡馆，其中最出名的是一位武姓侨胞开设的

"南美咖啡馆"。

在蒙自期间，西南联大的师生成为南湖边一道独特的风景线。南湖秀丽的风光暂时缓解了他们的家国之痛，为他们的生活学习增添了诗意。文学院的师生中一些爱好诗歌的学生成立了一个诗社，名曰南湖诗社。他们请朱自清、闻一多为导师，出版诗歌墙报，举办诗歌座谈会，讨论诗歌的前途、动向等问题。南湖诗社是西南联大的第一个文学社团，为西南联大学生今后的文学创作点燃了激情，可以说，"西南联大的诗歌活动是从蒙自南湖开始的"。

同年，由于中央初级航空军官学校由广西桂林迁到蒙自，需要占用分校校舍和附近空地，西南联大校总部指示让出蒙自。8月底学生考试完毕后，师生陆续迁往昆明。9月，西南联大蒙自分校全部迁出蒙自。

虽然蒙自分校的存在时间只有一个学期，却留下了西南联大师生的治学精神和文化气质。2011年，坐落于南湖畔原西南联大蒙自分校旧址上的纪念馆建成并向公众开放，纪念馆分为联大历史记、蒙自分校记、联大人才记、联大精神记4个部分共8个展厅。纪念馆的主楼是在原址上修复的，完整保存了原址的风貌，馆内还原了西南联大师生入滇、进入蒙自以及学习生活的情形。狭窄的房间，仅能摆放一张张窄窄的木板床，生活用品只有一些日常洗漱用具和手电筒、油灯等照明工具。教室十分简陋，为充分利用空间，教室里只有椅子没有桌子，西南联大人发明了一种特制椅子，椅子右边的扶手上安放了一块形似火腿，能放一本书的木板，学生可以一边听课一边做笔记，师生亲切地称这种椅子为"火腿椅"。

纪念馆外不远处就是曾经安置过西南联大师生的周家院子。这所古色古香的院子也已经被修复。纪念馆边上就是蒙自母亲湖南湖。近一个世纪以前，一群风华正茂的青年，带着对国家命运的深切关注和对新生活的向往，来到这个陌生的地方，感受到异乡人给予的温暖亲切，他们曾在湖边流连，将家国情怀融进这满池青碧。

（资料来源：胡正刚，《西南联大在蒙自》，《中国三峡》2014年第5期，第62-71页，有修改。）

重到临安

◎朱 德

【导读】

朱德（1886—1976年），伟大的马克思主义者，伟大的无产阶级革命家、政治家、军事家，中国人民解放军的主要缔造者之一，中华人民共和国的开国元勋，是以毛泽东同志为核心的党的第一代中央领导集体的重要成员。

朱德元帅曾两次到建水，一次是1914年夏天至1915年12月，时任唐继尧部下滇军营长的朱德奉命率部移防并长期驻军临安（今建水）剿匪，保境安民，帮助百姓治理象冲河。第二次是1962年夏天，当时76岁的朱德回到阔别47年的云南热土，重访建水。身为大军之帅，朱德元帅集威严、庄重、自信于一身，再次回到建水，他看到人民群众安居乐业、当家做主，特殊的喜悦和诗情在心中澎湃，有感而发，写下了五律《重到临安》。诗歌感情真挚，语言明白晓畅，通俗易懂，字里行间自然流露出朱德元帅崇高的思想境界。

夏日访临安，欣然改旧观。

昔年军住地，今日作良田。

械斗之风息，人民建乐园。

边疆如此固，邻友也同欢。

（选自《朱德与云南》，孔祥庚、杨杨著，云南人民出版社，2011年11月第1版。）

【思考与练习】

1.诗歌的颔联和颈联使用对比手法，表达了诗人的什么思想感情？

2.查阅资料，请以"朱德元帅在建水"为题，写一篇党史故事，在全班交流。

哈尼阿培聪坡坡（节选）

◎哈尼族的迁徙史诗

【导读】

　　《哈尼阿培聪坡坡》是广泛流传于红河两岸哈尼族中的传统史诗，"哈尼阿培聪坡坡"翻译成汉语意为"哈尼族先祖的迁徙"。它以哈尼族酒歌"哈八惹"的形式，系统地吟唱了哈尼族祖先从开天辟地、发展到被迫迁徙的历史状况。全诗分为7个章节，每迁徙到一个定居点为一章，主要描写人们在各地的生产、生活情形。它是哈尼族人民智慧的结晶，是哈尼族真实的历史记忆，是一部记录哈尼族历史的活的"史记"，具有强烈的艺术感染力与审美价值。

　　本文节选自《哈尼阿培聪坡坡》第一章《远古的虎尼虎那高山》，讲述的是哈尼族诞生地——虎尼虎那。我们在学习时应读懂诗中所讲的哈尼族人类起源故事，并能够对它的叙事语言艺术有初步的了解。

一、远古的虎尼虎那高山

> 歌手：萨—哝—萨！
> 虎尼虎那山花开了又谢，
> 花开花落历经七十七万次，
> 山坡上生出了七十七种飞禽走兽；
> 虎尼虎那大水涨了又落，
> 水涨水落也历经过七十七万回，
> 大水里有七十七种动物生长；
> 先祖的诞生也经过了七十七万年，
> 到我这一辈八十年代已经算满[1]。
> 亲亲的弟兄们，
> 要说哈尼先祖是什么样，
> 等我细细唱来慢慢讲。

先祖的人种种在大水里，
天晴的日子，
骑着水波到处漂荡；
先祖的人种发芽在老林，
阴冷的季节，
歪歪倒倒走在地上。

最早的人种是父子俩，
布觉是腊勒的阿爸；
布觉像水田里的螺蛳，
背上背着硬壳，
腊勒像干地上的蜗牛，
嘴里吐出稠稠的浆。

第二对人种是俄比和腊千，
她们是亲亲的母女俩，
娘两个分不开走不散，
走路像分窝的蜂群挤挤攘攘。

跟着出来了第三对人种，
那是阿虎和腊尼兄弟俩，
他们和前辈不同，
走路像蚂蚁排成行。

三对人种发芽了，
人芽和草芽不一样，
一代人用手走路，
他们里面有嫁给豹子的姑娘；
一代人蹲在地上攒动，
屁股常常磕在地面上；

一代人和我们现在一样，
腰杆就像挺直的棕树站在山坡上。

换过二十三次爹娘，
人种像大树成长，
二十四代塔婆[2]出世了，
她的英名人人敬仰。

塔婆是能干的女人，
她把世人生养。
在她的头发里，
生出住在白云山顶上的人；
在她的鼻根上，
生出在高山上骑马的人；
在她白生生的牙巴骨上，
生出的人住在山崖边；
在她软软的胳肢窝里，
生出的人爱穿花衣裳；
粗壮的腰杆上人最多，
雾露和他们来做伴；
脚底板上人也不少，
河水对她们把歌唱。
塔婆生出的孩子里，
她最心疼的是哈尼；
哈尼生在肚脐眼里[3]，
祖祖辈辈不受风霜。

（选自《哈尼阿培聪坡坡》，根据朱小和演唱整理，云南民族出版社，1986
年6月第1版。）

【注释】

[1] 歌手朱小和的家谱有80代。

[2] 塔婆，传说塔婆是人类的始祖母，在她以前"人"是动物，她以后才出现了真正的人类。

[3] 传说塔婆生出了瑶、蒙古、苗、彝、哈尼、汉、傣、壮等21个民族的人，因为她最爱哈尼人，便把他们生在肚脐眼里，这是对哈尼寨子多在山坳里的神化解释。

【思考与练习】

1.虎尼虎那山是孕育人类的神山，那它是怎样形成的呢？请查阅资料，简要回答。

2.请简要分析"塔婆"的形象特征。

3.查找资料，写一段关于世界遗产红河哈尼梯田的解说词。

【知识链接】

哈尼阿培聪坡坡

哈尼史诗《哈尼阿培聪坡坡》记载了哈尼先民南迁的过程。史诗共7章或曰7部，为"哈八惹"（酒歌，即酒宴上演唱的歌曲），分别为《远古的虎尼虎那高山》《从什虽湖到嘎鲁嘎则》《惹罗普楚》《好地诺玛阿美》《色厄作娘》《谷哈密查》《森林密密的红河两岸》。所记述的历史大致如下：哈尼先祖诞生在虎尼虎那高山，"先祖的人种种在水里"，渐由螺蛳、蜂子一类小动物变成直立行走的人，后又学会了采集、狩猎、捕鱼和用火。由于食物减少，他们经过山侧"艾地戈耶"来到高原湖泊"什虽湖"边。历经数代后，因大火焚毁了森林，哈尼人失去了食物来源，又迁到竹子成林的"嘎鲁嘎则"，与南方稻作民族"阿撮"（古语，语义旧解皆误，实当为"笮人"）交往共存。后来两族发生矛盾，哈尼人又迁到南方雨量充沛的"惹罗"（以哈尼语音译的古彝语，意为"黑水"）地区，第一次实行安寨定居。哈尼族由游牧民族演变为以水稻耕作为主的农业民族，出现了部落首领、宗教祭司与工匠三体联合的政治体制。不久，瘟疫横行，他们不得不迁离"惹罗"，来到南方的冲积平原"好地诺马阿美"（哀牢山区的另一部哈尼族口传历史文献《哈尼族祖先过江来》则称为"诺美亚玛"平原）。哈尼人在诺马阿美生活了13代。这里水肥两利，生产发展到更高水平。但因与邻近民族"腊伯"（哈尼语，"异族"）发生战争，哈尼族失利，南迁到"色厄作娘"（今大理地区）。此后，哈尼人又逐渐东移到"谷哈密查"（今昆明滇池一带）。哈尼人来到这一地方后，为向原住民表示和平诚意，把武器埋于地下，故称为"谷哈密查"

（语义为埋藏三尖叉的地方，后哈尼人即称今昆明一带为"谷哈"）。但后来还是与先入主此地的"蒲泥"（哈尼语，"濮人"）发生矛盾，最终演变成两族的大规模战争，哈尼族又战败南移，经那妥（今通海地区）、石七（今石屏）南流红河（元江），深入哀牢山腹地，开发荒山，凭高守险，繁衍至今。

实践活动

探秘滇东南民俗文化

【活动目的】

1.了解滇东南地区的民俗文化。

2.学习运用文献、调查、访谈、观察等方法探究滇东南民俗文化。

3.运用项目工作法，完成"滇东南民俗文化探究"展示活动。

【活动流程和要求】

一、活动准备

1.自由组合，组建小组，每组4~6人。

2.确定小组探究主题，如滇东南地区的年节风俗、衣食住行、红白喜事、社交礼仪、信仰禁忌、神话歌谣等。

3.小组成员分工，要求任务项目化，项目清单化，清单具体化。

二、活动展示

1.以小组为单位展示。

2.可以实物展示，也可以图片、视频、PPT展示，还可以多元组合展示。

3.可以录视频讲解，也可以全文字讲解。

三、活动评价

1.以小组为单位进行评价，同一小组所有成员分数相同。

2.评委：各小组长、语文教师。

3.计算办法：去掉一个最高分，去掉一个最低分，取其平均分。

附：小组评分表。

小组评分表

	指标	分值	小组得分
选题	针对性强，能充分反映滇东南民俗文化生活，引发读者的浓厚兴趣	20分	
结构	要素基本齐全，探究背景、目标、步骤、方法明确，逻辑性强	20分	
内容	分析具体深入，中心明确，重点突出，结论可靠、有见地	20分	
语言	平实质朴，简单明了，科学严谨	20分	
合作	小组成员精诚团结，合作默契	20分	
总分			

滇东南旅游精品线路

滇东南旅游片区包括红河哈尼族彝族自治州、文山壮族苗族自治州。

线路一：儒家文化与梯田文化的融合之旅

具体行程：建水文庙—元阳梯田—撒玛坝万亩梯田。

线路简介：该路线主要展示云南边地文化以及世界遗产元阳梯田文化景观的特色。

建水文庙：建水历史悠久，素有文献名邦、滇南邹鲁之称，是汉文化与边地文化交融的地方，曾经是滇南地区政治、经济、文化、军事和交通的枢纽。位于古城中心的建水文庙是全国重点文物保护单位，是全国屈指可数、保存完好的祭祀孔子的祠庙建筑群。始建于元朝至元年间，至今已有700多年的历史。明清两代仿山东曲阜孔庙的风格历经50多次扩建增修，目前占地面积已达7.6万平方米，是中国三大孔庙之一。其洋洋大观的建筑、数量众多的牌坊及椭圆形的泮池，都是建水文庙与全国其他文庙相异的独特之处。

元阳梯田：位于云南省红河哈尼族彝族自治州元阳县哀牢山南部，是哈尼族、彝族1 300多年来用自己的双手在哀牢山南部留下的大地雕塑般的杰作。梯田随山势地形变化，因地制宜，坡缓地大开垦大田，坡陡地小则开垦小田，大者有数亩，小的只有簸箕大，往往一坡就有成千上万亩。这里的坡度为15°~75°，梯田级数可以达3 000级。这里的四度同构（森林—村寨—梯田—水系）是哈尼族、彝族世代赖以生存的地方，是天人合一的人类大创造。这里稻作文明的"中华风度，世界奇迹"，是世界上最大、制作时间最长、参与人数最多的造型艺术群落。

撒玛坝万亩梯田：红河县被称为"云端古城"，拥有世界上集中连片面积最大的梯田——撒玛坝万亩梯田。梯田总面积1.4万余亩，4 300多级，最低海拔600米，最高海拔1 880米。撒玛坝万亩梯田是全国在一个视角点能将万亩梯田尽收眼底的唯一观赏区。

线路二：跟着电视游喀斯特景观

具体行程：天下第一奇观石林—文山普者黑。

线路简介：该路线主要介绍世界自然遗产项目中国南方喀斯特组成部分——云南喀斯特地貌景观特色。

石林：石林风景名胜区位于云南省昆明市东南石林彝族自治县，是国家地质公园、首批世界地质公园、"中国南方喀斯特"、国家AAAAA级旅游景区、全国旅游景区文明示范单位，被列入世界自然遗产名录。景区包括"二林、二湖、二洞、一瀑、一园"八个片区，以其雄、奇、险、秀、幽、峻、旷的特点著称于世，具有唯一性以及科学价值和美学价值。在世界各地的剑状喀斯特地貌中，论面积之广大、保存之完好、类型之齐全，云南石林首屈一指。奇幻的景观特征，使石林也成为很多电视剧的取景地，比如大家熟悉的86版《西游记》。

普者黑：普者黑风景区位于文山壮族苗族自治州丘北县，面积165平方千米。"普者黑"为彝语，意为"鱼虾多的池塘"。普者黑水土肥美、鱼虾众多，是难得的高原鱼米之乡。这里湖泊群、孤峰群、溶洞群"三群"密集，据统计普者黑景区有星罗棋布的孤峰312座、千姿百态的溶洞83个、相连贯通的湖泊54个。普者黑践行"绿水青山就是金山银山"的理念，造就了"春看百花夏赏荷，秋闻雨声冬观鸟"的四季景观，是电视剧《三生三世十里桃花》的取景地。

延伸阅读

云之南——
元阳梯田

云之南端——元阳梯田

杨洁卿

各位朋友：大家好！

今天我将带领大家游览的是位于云南省红河哈尼族彝族自治州元阳县哀牢山南部，凝聚了少数民族勤劳智慧的哈尼梯田。哈尼梯田以其历史悠久、规模宏大、景色别致等特点于2013年6月22日被联合国教科文组织列入世界遗产名录，也被称为中国十大魅力湿地。

眼前便是最具代表性的元阳梯田。通常，观赏梯田最美的景致是在春季，春节前后，梯田蓄水，还未插秧，云雾缭绕，水天相映，有一种走进梦幻的仙境之感。而一天中看梯田最好的时段则是在早晚，朝霞如火，晚霞灿烂，美不胜收。

各位请看，梯田从山脚到山顶，最高处有3 000多级，就像直插云霄的人造天梯！因山势地形变化，因地制宜，数不清楚的羊肠小道绕着广阔连绵的梯田，千回百转地通往成百上千的村寨。更为令人惊叹的是，这几千级、一片又一片的梯田里，终年流水潺潺，从直插云天的山顶上，层层流到山脚，堪称世界一绝！

来到元阳要看老虎嘴梯田的"名气"、多依树梯田的"秀气"、坝达梯田的"大气"。今天我们就来说说老虎嘴。老虎嘴位于元阳县城南部50千米处，在这里可以看到包括勐品、硐浦等6 000多亩梯田，它也是元阳申报世界遗产的核心保护区之一。这里整个地势是两山夹一谷，坡度都在70°以上，坡顶与坡脚的相对高差达1 200米，一沟一梁的山岭上布满了错落有致、形态不一的梯田。规模大到数亩，小到仅一个簸箕大。这可是"山体雕刻"的最高典范。老虎嘴梯田除立体感强外，颜色的层次感也最强烈！俯瞰下去，老虎嘴的梯田如同一幅油画，靠近山边的梯田色彩斑斓，梯田中的育秧薄膜在阳光的照射下散发着银光，仿佛是绘画大师的妙笔大作。

说到元阳梯田的"绝"，估计有朋友会问：山顶上哪里来如此多的水？其实啊，哈尼梯田是森林、村寨、梯田、江河水系四度同构的人与自然高度协调、可持续发展的生态系统。河谷干热的气候使江河水大量蒸发，水汽遇冷空气后形成云雾，进而凝结成雨水，充沛的雨水落在广袤的森林中，森林巨大的贮水作用形成有效径流，这无数溪泉沿着千沟万壑潺潺而下，加上哈尼族先民们特殊的引水灌溉渠道，滋润了稻田，也孕育了哈尼梯田文化。

哈尼梯田，顾名思义就是哈尼族开垦的梯田，哈尼族是云南特有的少数民族之一，人口约165万。据文献《尚书》记载，远在春秋时期，哈尼族先民就在四川开垦梯田，进行水稻耕作。到了唐朝初期，哈尼族在哀牢山定居下来，用整个民族的身心来构筑梯田。碰到大石头，他们用火烧浇水的办法使石头碎裂；没有测量仪器，就用放水平田法决定田坝的高低。独特的刻木分水的水规、水到渠成的冲肥法都充分体现了哈尼人民的聪明才智。1 200年间，哈尼族人民倾尽了数十代人的心力，用一把短锄、一身铁骨、百般智慧雕塑出了这绝世佳景的梯田景观。更重要的是，他们向高山要粮食、向石头要粮食，建立了哈尼人民世代生息繁衍的美丽家园！

这是一片如梦如幻的山水，这是一片流光溢彩的土地。如果你渴望与自然相拥，请到这里来。如果你正在寻找历史，渴望与先贤哲人对话，请到这里来。请记住她的名字，元阳哈尼梯田！

（该导游词为2016年巽震杯全国旅游院校服务技能大赛二等奖获奖作品，有修改。）

第六板块 滇东北景点文学

爨宝子碑

爨宝子碑　　二爨碑

【导读】

爨氏是古时南中的大姓、豪族，其家族显赫一时、称霸一方，自东晋经南北朝至唐天宝七年（748年），庞大的爨氏家族以曲靖、陆良为中心，辖制云南全境及贵州西部、四川西南广大的"南中"地区，时间长达400年。爨氏家族有悠久的历史，位于滇东北方向的曲靖市是爨文化的发祥地。

两千余年沧海桑田的历史变迁，使爨文化具有博大精深的内涵和历久弥新的无穷魅力，演绎出以二爨、堂狼、铜商等民族风情为主的珠源特色文化。爨文化除散存于残编断简中的饮食文化、服饰文化、祭祀、庆典、习俗、医药、建筑、宗教信仰以及流传民间的诗文歌舞、音乐戏剧、曲艺外，最具特色的要数《爨宝子碑》和《爨龙颜碑》。晋以来，官方禁止立碑，故碑刻极少，云南的"二爨"碑刻可谓灿若明星，光耀夜空。其中，《爨宝子碑》叙述了爨宝子的生平、家世及政绩，其笔画颇具特色，独树一帜，风格似隶非隶、似楷非楷，用笔以方笔为主，端重古朴，拙中有巧，看似呆笨，却现飞动之势，古气盎然，在笔画、结体、章法等方面都表现出独特的"小爨"风格，为书法家、名士、书法爱好者所珍爱。李根源评价该碑"下毛钢健如铁，姿媚如神女"；康有为称其书法"朴厚古茂，奇姿百出"；康有为在《广艺舟双楫》中评此碑为"端朴若古佛之容"。

下面让我们跟随课文，一起感受西南边陲书法瑰宝——《爨宝子碑》的魅力。

君讳[1]宝子，字宝子，建宁同乐[2]人也。君少禀[3]瑰伟之质，长挺高邈[4]之操。通旷清恪[5]，发自天然；冰洁简静，道兼行苇[6]。淳粹[7]之德，戎晋归仁[8]。九皋[9]唱于名响，束帛集于闺庭[10]。抽簪[11]俟驾[12]，朝野咏歌。州主薄治中别驾，举秀才本郡[13]太守。宁抚氓庶[14]，物物得所。春秋廿三，寝疾[15]丧官，莫不嗟痛，人百其躬[16]，情恸发中[17]，相与铭诔[18]，休扬[19]令终[20]，永显勿翦[21]。其辞曰：

山岳吐精[22]，海诞陼[23]光。穆穆[24]君侯，震响锵锵[25]。弱冠[26]称仁，咏歌朝乡。在阴嘉[27]和，处渊流芳[28]。宫宇数仞，循得其墙。馨[29]随风烈，耀与云扬。鸿渐[30]羽仪，龙腾凤翔。矫翮[31]凌霄，将宾[32]乎王。鸣鸾紫阁[33]，濯缨沧浪[34]。庶民[35]子来，挚维[36]同响。周遵绊马，曷[37]能赦放。位才之绪[38]，遂居本邦[39]。志业[40]方熙[41]，道隆黄裳[42]。当保南岳，不骞[43]不崩。享年不永，一匮始倡。如何不吊，歼我贞良。回抱圣姿，影命[44]不长。自非金石，荣枯有常。幽潜[45]玄穹[46]，携手颜张[47]。至人[48]无想，江湖相忘。于穆[49]不已，肃雍显相。永惟平素，感恸[50]忾慷。林宗[51]没矣，令名遐彰。爰铭斯诔，庶存甘棠[52]。呜呼哀哉！

太亨四年，岁在乙巳[53]，四月上恂立。

（选自《爨宝子碑》，文物出版社编，文物出版社，2008年3月第1版。）

【注释】

[1] 讳，避忌。

[2] 同乐，古县名，今陆良县。

[3] 禀（bǐng），承受。禀明一切，环伟之文。

[4] 邈（miǎo），远。

[5] 通旷，畅通开阔；恪，恭敬。通旷情恪，即通达开明，高洁恭谨之意。

[6] 道兼行苇，即仁义兼及草木。行苇，路旁的芦苇。出自《诗·大雅·行苇》"敦彼行苇，牛羊勿践履"。

[7] 淳粹（chún cuì），淳厚精粹。

[8] 归仁，归附仁德仁政。

[9] 九皋，深泽。"鹤鸣九皋，声闻于野。"鹤鸣于湖泽的深处，它的声音很远都能听见。比喻贤士身隐名著。

[10] 闺庭，家庭。

[11] 抽簪（zān），古时做官的人须束发整冠，用簪连冠于发。故称引退为"抽簪"。

[12] 俟驾，谓侍君受命于朝廷。主簿、治中、别驾，官名。

[13] 本郡，指建宁郡，即古代益州郡，范围大致在如今云南省。三国蜀汉时期改名为建宁郡，郡治味县（今云南省曲靖市内）。

[14] 氓庶（méng shù），百姓。

[15] 寝疾，病倒于床上。

[16] 躬，身体。

[17] 中，内心。

[18] 铭诔（míng lěi），泛指记述死者经历和功德的文章。

[19] 休扬，犹言显扬。休，美也。

[20] 令终，保持善名而死。

[21] 勿翦（jiǎn），"翦"同"剪"，出自《诗·召南·甘棠》"蔽芾甘棠，勿翦勿伐"，后以此喻德政。

[22] 山岳吐精，"精"同"箐"，"光华"之意。

[23] 陼，同"渚"，水中小洲。

[24] 穆穆，仪表美好，指仪容言语美好，行止端庄恭敬。

[25] 锵锵（qiāng），凤鸣声。

[26] 弱冠，古代男人20岁行冠礼，因未达壮年，称"弱冠"。

[27] 嘉，美好。

[28] 处渊流芳，指未出仕已有美名流芳。

[29] 馨，泛指香气。

[30] 鸿渐，比喻任用于朝廷，仪卫于皇帝身边。出自《周易·渐卦·上九》"鸿渐于陆，其羽可用为羽仪"。"羽仪"比喻居高位而有才德，被人尊重或堪为楷模。

[31] 翮（hé），翅膀。"宫""墙"，连用指"师门"。

[32] 宾，服从。

[33] 鸣鸾紫闼，本指车前金铃。闼（tà），"门""小门"。紫闼指帝王宫廷。鸣鸾紫闼即出仕之意。

[34] 濯缨沧浪（zhuó yīng cāng làng），在清水中洗涤冠缨。比喻超脱尘俗，操守高洁。出自"沧浪之水清兮，可以濯我缨"，"沧浪"指青色的波浪。

[35] 庶民，百姓。

[36] 絷（zhí）维，絷，拴、捆；絷维，绊马足，系马缰。这里指挽留人才。

[37] 曷（hé），何时，如何。

[38] 绪，丝头，引申为开端。

[39] 本邦，指建宁郡。

[40] 业，即"邺"。

[41] 熙，兴盛。

[42] 黄裳，本义为黄色的裙子。《易经》刊卦，以六为臣位，五为尊位；黄，中色；下饰。谓臣居尊位，必以黄裳自足，明哲保身。

[43] 骞（qiān），亏损。

[44] 影命，意为上天所授之大命。

[45] 幽潜，指地下。

[46] 玄穹，指高天。

[47] 颜张，指孔子的弟子颜回与子张。

[48] 至人，指有很高的道德修养、超脱世俗、顺应自然而长寿的人。道家是指超凡脱俗达到无我境界的人。

[49] 穆，严肃，壮美。

[50] 恸（tòng），大哭。

[51] 林宗，东汉名士郭泰之字。

[52] 甘棠，以甘棠称颂循吏的美政和遗爱。

[53] 乙巳，指东晋太亨四年，即义熙元年（405年）。

【思考与练习】

1.结合注释，理解疏通文意。

2.查阅资料，简述"二爨"碑文化与"爨文化"的区别与联系。

3.广泛收集关于"爨文化"的资料，和你的同学分享爨文化的相关知识，归纳"爨文化"包含哪些民风民俗。

4.简述"爨文化"的历史地位及其对于云南历史的意义。

【知识链接】

爨龙颜碑

宋故龙骧将军护镇蛮校尉宁州刺史邛都县侯爨使君之碑

君讳龙颜，字仕德，建宁同乐县人。其先世本高阳颛顼之玄胄，才子祝融之渺胤也。清源流而不滞，深根固而不倾。

夏后之盛，敷陈五教，勋隆九土。纯化布于千古，仁功播于万祀。故乃耀辉西岳，霸王郢楚，子文铭德于春秋，斑朗绍纵于季叶。阳九运否，蝉蜕河东，逍遥中原。班彪删定《汉记》，班固述修《道训》。

爰暨汉末，采邑于爨，因氏族焉。姻娅媾于公族，振缨蕃乎王室。

乃祖肃，魏尚书仆射，河南尹，位均九例，舒翮中朝。迁运庸蜀，流薄南人，树安九世，千柯繁茂，万叶云兴。乡望标于四姓，邈冠显于上京。瑛豪继体，于兹而美。祖，晋宁、建宁二郡太守，龙骧将军，宁州刺史。考，龙骧辅国将军八郡监军，晋宁、建宁二郡太守，追谥宁州刺史、邛都县侯。金紫累迹，朱黻充庭。

君承尚书之玄孙，监军之令子也。容貌玮于时伦，贞操超于门友。温良冲挹，在家必闻。本州礼命主簿不就，三辟别驾从事史，正式当朝，靖拱端右。仁笃显于朝野，清名扇于遐迩。举义熙十年秀才，除郎中、相国西镇，迁南蛮府行参军，除试守建宁太守。剖符本邦，衣锦昼游。民歌其德，士咏其风。于是贯伍乡朝、本州司马、长史。而君素怀慷慨，志存远御，万国归阙，除散骑侍郎。进无怵容，退无愠色，忠诚简于帝心，芳风宣于天邑。除龙骧将军，试守晋宁太守，轺车钺斧，金章紫绶，縶戟幢盖，袭封邛都县侯。

岁在壬申，百六遭艰，州土扰乱，东西二境，凶竖狼暴，缅成寇场。君收合精锐五千之众，身伉矢石，扑碎千计，肃清边峨。君南中磐石，人情归望，迁本号龙骧将军、护镇蛮校尉、宁州刺史、邛都县侯。君姿英雄之高略，敦纯懿之弘度，独步南境，卓尔不群。虽子产之在郑，蔑以加焉。是以兰声既畅，福隆后嗣者矣。自非恺悌君子，孰能若斯也哉？昊天不吊，寝疾弥笃，享年六十一。岁在丙戌十二月上旬薨。黎庶痛悼，宋、夷伤怀，天朝远感，追赠中牢之馈也。

故吏建宁赵次之，巴郡杜苌子等仰怀仁德，永慕玄泽，刊石树碑，褒尚烈烈。

其颂曰：

巍巍灵山，峻高迢递。或跃在渊，龙飞紫闼。邈邈君侯，天姿英哲。缙绅踵门，扬名四外。束帛戋戋，礼聘交会。优游南境，恩沾华裔。抚伺方岳，胜残去煞。悠哉明后，德重道融。绸缪七经，骞骞匪躬。凤翔京邑，曾闵比踪。如何不吊，遇此繁霜。良木摧枯，光辉潜藏。在三感慕，孝友哀伤。铭迹玄石，千载垂功。

祖已薨背，考志存铭记。良愿不遂，奄然早终。嗣孙硕子等，友乎哀感，仰寻灵训，永慕高踪，控勒在三。仲秋七月，登山采石，树立玄碑，表殊勋于当世，流芳风于千代，故记之。

宁州长子骈弘早终，次弟骈绍、次弟骈暄、次弟骈崇等建树此碑。

大明二年岁在戊戌九月上旬壬子朔，嗣孙硕瑞、硕才、硕纁、硕万、硕思、硕间、硕罗、硕阅、硕俗等立。

匠碑，府主簿益州杜苌子。文，建宁爨道庆作。

早梅诗

◎ [明] 兰 茂

【导读】

梅是"梅兰竹菊"四君子之一，因其不与百花争艳，傲然于霜雪，独标高格，所以名列百花之首。在中国文化传统中，梅象征着坚强高洁的品格，因自古以来深受文人雅士钟爱而流传下很多吟咏梅花的诗词，如五代齐己的"前村深雪里，昨夜数枝开"，唐代柳宗元的"早梅发高树，迥映楚天碧"，北宋王安石的"墙角数枝梅，凌寒独自开"，北宋林逋的"疏影横斜水清浅，暗香浮动月黄昏"，等等。但是有一首描写梅花的诗却别具一格，在一首简短五言诗中，诗人不仅生动描写了梅花先于百花盛开、傲立冰雪的特点，还巧妙地把古代20个声母嵌合在这首诗里，实乃神思，这就是明代兰茂的《早梅诗》。

这是一首"字母诗"，出自《韵略易通》。《韵略易通》是明正统七年（1442年）兰茂著的一部韵书，是为便于儿童识字而编写的，在字形、字义方面都讲求简单易懂，在字音方面以当时云南方言的实际语音为准，在我国音韵学史上占有重要地位。全书分韵母20类、声母20类，声母20类就是用《早梅诗》来概括的，每一个字代表声母相同的一类字，20字的诗代表了20类声母。这首简简单单的梅花诗见证了古代声母发展的情况。

兰茂（1397—1470年），字廷秀，号止庵，别号和光道人。明代云南杨林（今云南嵩明）人，学者。秉性聪慧，嗜学经史，不思仕进。所著有《玄壶集》《经史余论》《止庵吟稿》《声律发蒙》等。

> 东风破早梅，
>
> 向暖一枝开。
>
> 冰雪无人见，
>
> 春从天上来。

（选自《兰茂文集》，兰茂著，云南人民出版社，2015年12月第1版。）

【思考与练习】

1.兰茂是我国明代医药家、音韵学家、诗人、教育家、理学宗匠，在多方面都有卓越建树。请上网查阅资料，全面了解兰茂在各领域的成就，拍成视频加以介绍。

要求：（1）用一个视频介绍兰茂某一方面的成就。

（2）讲解时绘声绘色，生动形象，能举例说明。

2.了解在汉语拼音出现之前，古人是如何标注音韵的，以及我国音韵学发展的基本情况。

3.朗读这首诗，说出诗中每一个字所代表的声母；理解诗意，体会诗歌所表达的意境和旨趣。

【知识链接】

1.《韵略易通》

《韵略易通》是明代医学家、语言学家，云南嵩明人兰茂的一部音韵学著作，此书不仅在声韵方面有研究价值，而且保留了目前所能见到的最早最完整的云南方言词汇珍贵史料，在我国音韵学史上占有重要地位。其重要性在于，一是其所描述的语音系统反映了明朝初期官话的语音面貌，展现了完整的语音断代的样本，对近古官话方言的研究具有重要参考价值；二是它的体例结构与传统韵书不同，采用了一种全新的音系组织模式，在韵书的发展史上开创了新的局面。《四库提要》认为此书"尽变古法以就方音"，兰茂也自述"惟以应用便俗字样收入"。

本书分韵母20类、声母20类，其划分的根据是："凡字有宫、商、角、徵、羽五音，有平、上、去、入四声,四五相乘而为二十。牙、齿、舌、喉、唇又凡五用，每一字母子翻切，必四言而成字,四五相乘亦为二十。故此编横有二十母，纵有二十韵，其阴、阳出入亦均分而两之,皆自然而非强也。"

韵母20类分别为东红、江阳、真文、山寒、端桓、先全、庚晴、侵寻、缄咸、廉纤、支辞、西微、居鱼、呼模、皆来、萧豪、戈何、家麻、遮蛇、幽楼。其中前10韵平、上、去、入四声俱全，后10韵无入声。

声母20类用一首《早梅诗》来概括："东风破早梅，向暖一枝开。冰雪无人见，春从天上来。"每一个字代表声母相同的一类字，如"东"字代表d声母、"风"字代表f声母。因此这首20字的诗便代表了20类声母。

这首简简单单地描写梅花的诗意思明白晓畅，恰巧见证了古代声母发展的情况。在此之前，曾有唐代僧人守温创作了30个声母的代表字，后来发展成为36个声母代表字，即"见、溪、群、疑，端、透、定、泥，知、彻、澄、娘，帮、滂、并、明，非、敷、奉、微，精、清、从、心、邪，照、船、床、审、禅，影、喻、晓、匣，来、日"。

本书为便于儿童和平民百姓识字读书而编，在字形、字义方面都讲求便捷，在字音方面完全以当时云南方言的实际语音为准。作为韵书，其对于研究云南方音的演变以及当时北方话的实际语音状况有很大价值,对研究《中原音韵》也有参考意义。特别是首次采用诗歌形式标举声类在中国音韵学史上具有独创意义。

2.《韵略易通》跋

《韵略易通》跋
[清] 袁嘉谷

韵书之传至今者,广韵最古,字母则始僧守温。宋元明以来,鲜有舍二家之学以言韵学。吾滇兰止庵先生乃独创韵首,独创字母,著《韵略易通》一书,都四万五千言。虽曰一得自矜,何其识之,新力之毅也。韵首二十,字母亦二十,并《广韵》之平声五十七,以上去入隶之前十韵四声,全后十韵无入声。夫韵部之首一字足矣,先生独用二字,一清一浊,岂以非二字不能赅本韵字耶?每韵之中以字母为次第。母韵既确,音自可识,《易通》之名盖取诸此,钱曾述古堂书目所以谓之心目了然也。书目之外如《明史·艺文志》,阮元《滇志》《云南府志》《袁氏诗略》《嵩明州志》《谢启昆小学考》并已著录,而四库提要则云:"尽变古法,以就方音"。余谓音韵之学,自以顾江戴段孔朱诸家为正宗,先生合犟于腔离,披于支,注解或失之略,搜字又失之滥,诚不免提要方音之诮,但以《广韵》三十四入声,不能尽配于平声,则段孔诸家亦持是说。谓先生不及诸家之精,且确可也;谓先生非先诸家而创获可乎?雍正中颁李光地氏《音韵阐微》于天下,御制序曰:"简明易晓。"所谓"易晓",即每韵字母为次第,谓精密之旨,后起者胜可也;谓先生非大辂椎轮可乎?先生此书据述古堂书目著于正统七年,先生时年四十六,述古堂之记载原出于牧斋绛云楼四库搜书。此书由两淮采进,谢氏著小学考时,尚见此书,故注曰:

存故大江南北,风行已广,只以隐居求志姓名未显书目;曰:止庵不知何人?提要亦曰:爵里未详。滇中流传赖李君文汉搜获此本,又并序例佚之,而仅题曰:真空本悟集。相如书见较彻润通雷梓,安可不订正而刊传之欤?先生著书甚富,此书之外又有《声律发蒙》,分二十韵,以东钟、支思等字为首,虽云已改广韵,尚非毅然独创意者。《声律发蒙》为初作,而此书乃改定之论也乎。

丁巳夏石屏袁嘉谷跋于移山移。

云南气象谚语（节选）

◎陈一得

【导读】

陈一得（1886—1958年），云南盐津人，原名陈秉仁，字彝德，后取"愚者千虑，必有一得"之意，更名陈一得。历任云南气象台台长、云南省博物馆馆长、云南省科普协会副主席、云南省政协副主席等职。毕生专注于天文、气象学研究，著有《云南气象》《云南的云》《云南恒星图》《云南地震史之考察》《天文》《昭通等八县图说》等，曾根据多年研究发明用于天文观察的"步天规"，是云南近代天文、气象、地震等学科的先驱。陈一得先生有感于云南气象事业的发展远滞于时代，决定建立"自己的气象站"。在那个物资匮乏、国运衰微的年代，他克服种种困难，在昆明钱局街私宅内创建了云南省历史上第一个气象站——"一得测候所"。他的夫人陈德芳、义子陈永义成为主要助手，大家每天早、午、晚轮流观测记录。后来法国、日本等列强曾以重金请求陈一得提供气象资料，都被他严词拒绝。

1934年，在陈一得先生的动议下，多部门联合在云南大学复测昆明的天文点位，其是我国除北京观象台外唯一与原测经纬度确切对应的点位。后将首测原址定为"云南第一天文点"，并立圆形石柱标志，至今仍存于云南大学文津楼前。

陈一得先生在专注天文、气象研究的同时，还关注云南地震研究、近代云南地方志编写、滇池保护等多项课题，被誉为"中国自然科学界的鲁殿灵光"。

《云南气象谚语集》是陈一得先生在多位同事朋友及机构学校的协助下，在全省范围内征集与气象有关的谚语，并加以整理完成的，共300条气象谚语，"字句皆照原录，不加修饰，以存本真，音义注明，亦循原稿，略加解释，每条附记流行县区，及调查者姓名"。分为七类：第一，风雨类；第二，云雾类；第三，光象类；第四，时节类；第五，物候类；第六，农事类；第七，不分第类。

第一 风雨类

一日东风三日雨。（石屏等县。吹了一天自东来的风，定要下三天多雨。）

风吹北，大雨虽下尘不歇；风吹南，小雨一下冲倒墙。（元江等县。吹北即自南向北，吹南即自北向南。）

清明风从南方起，农稼田禾大有收。（昆明等县）

四月海风起，五月干到底，苍山北风来，雨雪即时来。（凤仪县。每年四月，洱海风由北而来，冷透骨，五月必主干旱，如从苍山西北来风，黑云大作必主雨；黄云大作必下雪。）

立冬西北风，来年哭天公。（巧家县）

第二　云雾类

云跑东，有雨下一盅；云跑南，有雨下成团；云跑西，有雨一滴滴；云跑北，有雨下不得。（昭通等县。昭通农民，以此为推测晴雨之法，最有效验。）

云走东，骑马空大红；云走西，骑马披蓑衣；云走南，有雨下不长；云走北，有雨下到黑。（洱源县。因洱海盆地在东南也。）

西山大云起，即时下大雨，东山黑云飞，大雨河水起，东西山无云，有雨下不起。（楚雄县）

云彩跑朝东，有雨变成风；云彩跑朝西，雨水填时溪，云彩跑朝北，有雨下不得。（澄江县）

云走东，一场空；云走西，披蓑衣；云走南，水潭潭，云走北，好晒麦。（巧家县）

久雨云黑，转眼光明。（巧家县）

有雨山顶云密布，无雨云在山中腰。（邓川县）

雪山笑颜开，田里水不干；雪山戴着帽，谷田有火冒。（丽江县）

第三　光象类

早烧阴，晚烧晴。（昆明县、呈贡、澄江、安宁、禄丰、易门、洱源、缅宁[1]、宣威、昭通、大关、盐津等县同有此谚。天红如火烧也。）

早晨发霞，点火烧茶；晚间发霞，晒死草芽。（平彝县[2]）

有雨天边亮，无雨顶上光。（昆明、呈贡、安宁、石屏、宣威、盐津、巧家、弥渡等县同。）

星宿稀，披蓑衣；星宿密，晒塌皮。（元江等县）

星宿睛眼天必变。（易门、宣威等县）

南闪天门开，北闪有雨来。（易门等县。天门开言天晴。）

第四　时节类

二月八，冻死鸭；二月九，冻死狗。（石屏县、蒙化[3]等县。言每年二月，各地气候犹寒。）

三月涨大水，四月晒河底。（昆明、澄江、易门，各县同。）

大旱不过五月十三。（鹤庆县）

五月小，黄瓜茄子吃不了；五月大，黄瓜茄子卖肉价。（缅宁、寻甸等县）

七月秋风渐渐凉。（石屏县）

八月十五云遮月，正月十五雨打灯。（弥渡县等县）

十月有雨，来年有米。（昆明、昭通、盐丰[4]等县同。或说"碓头有米"）

十月有个小阳春。（昭通、巧家等县。十月有时南风大作，和暖如正二月天气；迤东[5]各县同有此谚）

谷怕秋夜雨，人怕老来穷。（凤仪等县）

立夏不下，小满不满。（丽江县）

端阳有雨，来年丰收。（巧家县）

重阳有雨一冬雨；重阳无雨一冬晴。（丽江县）

一九二九，冻死猪狗；三九四九沿河插柳；五九六九，怀中插手；七九六十三，皮褂脱给狗去穿；八九七十二，猫狗睡阴地；九九八十一，庄稼老二田中立。（昆明、迤东诸县同）

黄昏雨，下通宵。（巧家县）

第五　物候类

槐花开，把秧栽；槐花落，栽秧谷子割不着。（元江县）

晴久菌香必下雨，雨久菌香主天晴。（楚雄、盐丰、牟定、镇南[6]、元谋、武定、禄劝、各县同。菌香，是菌类干藏室内忽发香。）

晴久腰痛必阴雨，雨久腰痛主天晴。（三迤老人，同有此语。或说："晴腰痛主雨，雨腰痛主晴。"）

狗打喷嚏天要晴。（盐津等县、董干汛[7]同）

郭公咕咕叫，栽秧时已到。（元江县。郭公，鸟名，即布谷鸟。）

早鸪阴，晚鸪晴，半夜（黄昏）鸪来雨淋淋。（元江、宣威、石屏县。鸪，乌鸦的俗称。常群飞叫声"刮刮"。）

　　乌鸦洗澡，大雨要到。（巧家县）

　　蚂蚁搬家，大雨将下。（盐津等县）

　　曲蟮出，大雨来。（澄江县）

第六　农事类

　　春雨贵似油。（河西[8]、元江、昆明等县）

　　六月三泼雨，遍地出黄金。（巧家县。言庄稼好也。）

　　大暑莫种豆，小暑莫栽秧。（鹤庆县。豆指黄豆，过迟不能成熟了。）

第七　不分类

　　四季无寒暑，一雨便成冬。（云南各县，多有此谚。）

　　雷大雨小，风多雨少。（易门等县）

　　刮大风，雨濛淞。（双柏县）

　　要知天气好不好，只看太阳早不早。（石屏县）

　　　　（选自《云南气象谚语集》，陈一得著，见《中国西南文献丛书·第四辑·西南民俗文献第十一卷》，骆小所主编，兰州大学出版社，2003年8月第1版。）

【注释】

　　[1] 缅宁，即今临沧。

　　[2] 平彝，即今富源。

　　[3] 蒙化，即今巍山。

　　[4] 盐丰，在今大姚。

　　[5] 迤东、迤西、迤南，分指滇东、滇西、滇南（清朝雍正年间先后在云南设置迤东道、迤西道和迤南道，此后，"三迤"便代指云南）。

　　[6] 镇南，即今南华。广通，在今禄丰。

　　[7] 董干汛，在今麻栗坡董干镇（清末在中越两国交界处各自派兵巡防的中法对汛机构）。

　　[8] 河西，在今通海。

【思考与练习】

1.上网查资料，了解陈一得先生为云南的气象研究所做的工作，以及其中的感人故事，在全班做交流，感受老一辈科学家为了祖国的科学事业所付出的辛苦努力。

2.阅读课文中的谚语，结合自己家乡的气候特点，理解谚语中所描述的气候情况，并把自己所知道的家乡的气候谚语分享给大家。

3.谚语凝聚了劳动人民的生活经验和智慧，除了气象谚语，民间还有很多其他谚语，请课外搜集谚语，分类整理，做成手抄报，在全班分享。

【知识链接】

云南的气候特点

云南地处我国西南边疆，与老挝、缅甸、越南三国相邻。地理上位于东经97°31′~106°11′和北纬21°8′~29°15′，北回归线横贯南部，是一个低纬度的内陆地区。云南总面积约39.4万平方千米，居全国第8位。全省东西最大横距864.9千米，南北最大纵距990千米。云南最显著的一个特色还在于它是一个高原山区省份，山地面积34.93万平方千米，占全省国土总面积的88.6%；平原面积1.91万平方千米，占全省国土总面积的4.8%；丘陵面积1.95万平方千米，占全省国土总面积的4.9%；台地面积0.61万平方千米，占全省国土总面积的1.5%。。省内平均海拔2 000米，最低点河口县海拔仅76.4米，最高点梅里雪山达6 740米，高差约6 664米，为全国罕见。所以，我们常说云南是一个低纬度高原地区。

云南虽然是一个内陆省，但它南接中南半岛，与中南半岛相邻的是深刻影响南亚和东南亚气候的南部热带海洋印度洋和孟加拉湾，云南也因而从中受益；距云南东南400千米的地方是同样深刻影响我国东部气候的南海，云南也受到了一定影响。另外是青藏高原，它像一座巨大的屏障矗立在云南的西北，云南西部大片区域就坐落在它南延的横断山脉上。海洋和高山决定了云南成为全国唯一一个干湿季分明、四季不分明的典型季风气候区。所以尽管云南大部地方全年都在吹西南风，但是由于风的来路显著不同，因此存在明显的干季（或称旱季）和雨季（或称湿季）。

在干季（11月至次年4月），在青藏高原的阻挡下，云南本该吹拂北风，刮来的却是西南风，风来自中东的沙特阿拉伯、伊朗、巴基斯坦等沙漠或大陆地区。这支气流不管它来源如何，当它经历了北半球这片荒凉、干燥的地区后，也变得十分干暖，所以冬季的云南可以在别处饱受严寒的时候，肆意享受冬日艳阳，天气晴朗、干燥少雨，风向以西风或西南风为主。显然，我们可以把这支冬半年控制云南的气流称为干暖的大陆气团。

而雨季（5～10月）是海洋发威的季节，云南吹的同样是西南风，风来自南部的印度半岛、孟加拉湾等热带海洋。这是一支源于热带海洋的、具有深厚水汽、持续稳定的西南季风气流。整个夏季，云南都处在它的笼罩之下，雨天多、日照少、湿度大，导致多数地方夏季气温并不是太高，风向仍以西南风为主。当然也不缺乏这样的机会，当生成于南海的台风力量足够强大时，它登陆到我国的东南沿海后继续向西施展它的才能，云南的东南部和南部也会出现降雨天气。

所以，作为内陆省的云南，虽然不临近海洋，却受到了两大热带海洋的眷顾。它南接中南半岛，东南距南海约400千米，西南距孟加拉湾600多千米，从来不会受到热带气旋的正面袭击，却在夏季时受到西太平洋（含南海）台风和孟加拉湾风暴的直接影响。这在全国独一无二。

低纬度的云南以高原的姿态，以北高南低、海拔高低不一的地形面貌创造了另一个神奇的气候景观——显著的立体气候。立体气候是指在一定区域内，水平方向和垂直方向上的气候变化。变化越复杂，说明该区域立体气候越突出。从南到北，云南的气候带可以划分为7个气候类型，即北热带（景洪、元江、河口、孟定、元谋、潞江坝等），南亚热带（蒙自、建水、开远、富宁、景东、南涧、潞西、华坪、东川等），中亚热带（弥渡、凤庆、施甸、玉溪、宜良、弥勒、广南、丘北、宾川、福贡以及盐津、绥江、永善等），北亚热带（昆明、大理、楚雄、保山等），南温带（丽江、大理北部、曲靖北部及昭通等），中温带（滇东北、滇西北海拔2 500～3 000米的地区），高原气候区（德钦、中甸、维西等）。这7个气候类型表明了云南拥有从海南岛到黑龙江的各种气候带类型。

即使在很小的范围内，气候带在垂直方向上的变化也是很大的。在同一座山，山下鸟语花香，山上寒冷袭人；在同一峡谷，谷底天气炎热，谷顶白雪皑皑的情景随处可见，真正是"一山分四季，十里不同天"。

云南气候的第三个特点是低纬高原气候。简单地说，低纬高原气候是指气温的年变化小、日变化大，即低纬地区四季温差和年温差小、高原地区气温日变化大。人们常说云南"夏无酷暑，冬无严寒，四季温和，一雨成冬"，就是低纬度高原气候的真实写照。最热月的平均气温也只有19℃，气候凉爽宜人。冬春季时节，云南受干暖气团控制，晴天多，少降水，温度高。因此，最冷月平均气温为7 ℃，并不会让人感觉寒冷。虽然年温差不大，但云南的日温差可就大多了，最大的日温差可以超过20 ℃。每天的气温变化是早晚凉爽、中午炎热，人们常常感到室外站着热、屋内坐着冷、日晒胸前暖、风吹背后凉。例如，滇中昆明，一月的午后最高气温平均为15.8 ℃，已是春风送爽；但清晨最低气温平均只有1 ℃，依旧寒意正浓。

举国大迁移

◎ [美] 埃德加·斯诺

【导读】

　　埃德加·斯诺（Edgar Snow，1905—1972年），生于美国密苏里州，代表作《红星照耀中国》（*Red Star Over China*）。埃德加·斯诺是一位美国记者，也是中国人民的老朋友，是中国共产党的坚定支持者，是在红色革命根据地进行采访的第一位西方新闻记者。大学毕业后他来到中国，在中国工作生活了13年，其中最为高光的时刻，是他在陕北和中国共产党人生活的4个月，这4个月的所见所闻，使他创作出了闪耀世界新闻史、文学史的作品——《红星照耀中国》。

　　本文选自《红星照耀中国》第五章第二节，作者以真实而生动的笔调，描述了红军长征初期的战略及过程。这次史诗般的长征充盈着红军战士的革命乐观主义精神，展现了他们不畏艰险的勇气、牺牲自我精神、对革命事业的忠诚，以及大无畏的英雄气概。

　　下面让我们一起跟随这位美国记者，走进这一段决定着国家前途命运的辉煌历史。

　　红军成功地突破了第一道碉堡线以后，就开始走上它历时一年的划时代的征途，首先向西，然后向北。这是一次丰富多彩、可歌可泣的远征，这里只能作极简略的介绍。共产党人现在正在写一部长征的集体报告，由好几十个参加长征的人执笔，已经有了三十万字，还没有完成。冒险、探索、发现、勇气和胆怯、胜利和狂喜、艰难困苦、英勇牺牲、忠心耿耿，这些千千万万青年人的经久不衰的热情、始终如一的希望、令人惊诧的革命乐观情绪，像一把烈焰，贯穿着这一切，他们不论在人力面前，或者在大自然面前，上帝面前，死亡面前都绝不承认失败——所有这一切以及还有更多的东西，都体现在现代史上无与伦比的一次远征的历史中了。

　　红军说到它时，一般都叫"二万五千里长征"，从福建的最远的地方开始，一直到遥远的陕西西北部道路的尽头为止，其间迂回曲折，进进退退，因此有好些部分的长征战士所走过的路程肯定有那么长，甚至比这更长。根据一军团按逐个阶段编的一张精确的旅程表[1]，长征的路线共达一万八千零八十八里，折合英里为六千英里，大约为横贯美洲大陆的距离的两倍，这个数字大约是主力部队的最低行军长度。不要忘记，整个旅程都是步行的，有些是世界上最难通行的小道，大多数无法通行车辆辕辘，还有亚洲最高的山峰和最大的河流。从头到尾都是一场旷日持久的战斗。

有四道主要的防御工程，在钢筋混凝土机枪阵地和碉堡网的支援下，包围着中国西南[2]的苏区，红军必须先粉碎这四道防线才能到达西面的没有封锁的地区。在江西的第一道防线于一九三四年十月二十一日突破；在湖南的第二道防线于十一月三日占领；一个星期以后，在湖南的第三道防线经过血战之后陷入红军之手。广西和湖南的军队在十一月二十九日放弃了第四道也是最后一道的防线，红军就挥师北上，深入湖南，开始直捣四川，计划进入那里的苏区，与徐向前领导下的四方面军会合。在上述的日期中间，共打了九次大仗。南京方面和地方军阀陈济棠、何键、白崇禧沿途一共动员了一百一十个团的兵力。

在经过江西、广东、广西、湖南的征途上，红军遭到了非常惨重的损失。他们到达贵州边境时，人数已减少了三分之一。这首先是由于大量运输工作所造成的障碍，当时用于这项工作的竟达五千人之多。因此先锋部队被拖了后腿，有时敌人得以在行军途上遍设障碍。其次，从江西出发时一直不变地保持着一条西北向的路线，因此南京方面可以预计到红军的大部分动向。

这些错误所造成的严重损失，使红军在贵州采取了新的战术。他们不再直线前进，而是开始采取一系列的转移视线的运动，使南京的飞机要弄清楚主力部队逐日的具体目标越来越困难。经常有两个纵队，有时多到四个纵队，在中央纵队的两侧从事一系列的声东击西的活动，而先锋部队则采取钳形攻势。装备方面只保留了最低限度的最轻便的必要装备，运输部队由于每天遭到空袭，改为夜间行军，人数亦大为减少。

蒋介石为了防止红军过长江进入四川，把大量部队从湖北、安徽、江西撤出，匆匆西运，要想（从北方）切断红军的进军路线。每个渡口都有重兵设防，每只渡船都撤至长江北岸；所有道路都封锁起来；大批大批的地方清仓绝粮。南京还另派大批部队到贵州去增援地方军阀王家烈的烟枪部队，后者终于被红军几乎全部消灭了。另外又派了军队去云南边境，设立障碍。因此，红军在贵州遇到了一二十万的军队的迎击，后者在沿途遍设障碍。这就使得红军不得不在贵州进行了两次反方向的大行军，对省会作了大迂回。

　　贵州境内的作战占了红军四个月的时间。他们一共消灭了五师敌军，攻占了王家烈省主席的司令部，占领了他在遵义的洋房，招了二万新战士入伍，到了省内大部分大小村镇，召开了群众大会，在青年中间培养了共产党干部。他们的损失有限，但渡江仍有问题。蒋介石在川贵边境迅速集中兵力，封锁了去长江的捷径短道。他现在把歼灭红军的主要希望寄托于防止红军渡江上面，妄图把红军进一步驱向西南，或者驱进西藏的不毛之地。他电告麾下将领和地方军阀："在长江南岸堵截红军乃党国命运所系。"

　　突然，在一九三五年五月初，红军又回师南向，进入云南，那里是中缅和中越交界的地方。他们在四天急行军后到达距省会云南府十英里处，地方军阀龙云紧急动员一切部队进行防御。与此同时，蒋介石的增援部队从贵州过来追击。蒋介石本人和他的夫人原来在云南府逗留，这时赶紧搭上法国火车到印度支那去。一大队南京轰炸机每天在红军上空下蛋，但是红军仍继续进来。不久，这场惊惶结束了，原来发现红军向云南府的进军不过是少数部队的佯攻。红军主力已西移，显然想在长江上游少数几个通航点之一的龙街渡江。

　　长江在尽是荒山野岭的云南境内，流经深谷高峰，水深流急，有的地方高峰突起，形成峡谷，长达一二英里，两岸悬崖峭壁。少数的几个渡口早已为政府军所占领。蒋介石感到很高兴。他现在下令把所有渡船撤至北岸焚毁，然后他命自己的部队和龙云的军队开始包抄红军，希望在这条有历史意义的和险阻莫测的长江两岸一劳永逸地把红军消灭掉。

　　红军好像不知道自己的命运似的，仍继续向西面的龙街分三路急行军。那里的渡船已经焚毁，南京的飞行员报告，红军一支先锋部队在造一条竹桥。蒋介石更加信心百倍了，造一架桥要好几个星期时间。但是有一天晚上，有一营红军突然悄悄地倒过方向，强行军一天一夜，像奇迹一样，走了八十五英里，到傍晚时分到达附近其他一个唯一可以摆渡的地方——皎平渡。他们穿着缴获的国民党军服，在黄昏时分到了镇上，没有引起任何注意，悄悄地解除了驻军的武装。

　　渡船早已撤到北岸——但没有焚毁！（红军远在好几百里外，反正不到这里来，为什么要烧掉渡船呢？政府军可能是这样想的。）但是怎样才能弄一条船到南岸来呢？到天黑后，红军押着一个村长到河边，大声喊叫对岸的哨兵，说是有政府军开到，需要一只渡船。对岸没有起疑，派了一只渡船过来。一支

"南京"部队就鱼贯上了船，不久就在北岸登陆——终于到了四川境内。他们不动声色地进了守军营地，发现守军正在高枕无忧地打麻将，枪支安然无事地靠在墙边。红军叫他们"举起手来"，收了武器，他们只得张口瞪目地瞧着，过了好久才明白，自己已成了原来以为还要三天才能到达的"土匪"的俘虏。

与此同时，红军主力部队大举进行了反方向进军，到第二天中午先锋到达皎平渡。现在过河已不是难事了。六条大船昼夜不停地运了九天。全军运到四川境内，没有损失一兵一卒。渡江完成后，红军马上破坏了渡船，躺下来睡觉。两天后蒋军到达河边时，他们的敌军的殿后部队在北岸高兴地叫他们过去，说游泳很舒服。政府军不得不迂回二百多英里才能到最近的渡口，因此红军把他们甩掉了。总司令一怒之下飞到了四川，在红军的进军途上部署新的部队，希望在另外一个战略要冲——大渡河——上切断他们。

（选自《红星照耀中国》，埃德加·斯诺著，董乐山译，人民文学出版社，2016年6月第1版。）

【注释】

[1] 这里指《红军长征记》。

[2] 这里应为"东南"之误。

【思考与练习】

1.熟读课文，做一张能反映课文主要内容的思维导图。

2.理解全文，简述《红星照耀中国》这本书的历史价值。

3.阅读课文，简述"红军在贵州、云南的胜利展现了新战略的威力"中的新战略是什么？

4.有人说："我觉得红军长征能取得胜利靠的是紧密团结群众。你看，红军在如此危急的情况下，还到贵州大部分村镇召开群众大会，在青年中间建立共产党组织。"请仿照同学的说法，说说你对长征精神的理解。

【知识链接】

1.《红星照耀中国》

《红星照耀中国》,曾译为《西行漫记》,是美国记者埃德加·斯诺所著的纪实文学作品,于1937年10月在伦敦首次出版,于1938年2月首次出版中文版。

该书真实记录了埃德加·斯诺自1936年6月至1936年10月在中国西北革命根据地(后来以延安为中心的陕甘宁边区)进行实地采访的所见所闻,报道了中国和中国工农红军以及许多红军领袖、红军将领的情况,深入分析和探究了"红色中国"产生、发展的原因,对中国共产党和中国革命作了客观评价,从多个方面展示中国共产党为民族解放而艰苦奋斗和牺牲奉献的精神,瓦解了种种歪曲、丑化共产党的谣言。

在陕北,斯诺采访了众多中国共产党领袖和红军将领,如毛泽东、周恩来、彭德怀、林伯渠、邓发、徐海东等。斯诺描述他们的言谈举止,追溯他们的家庭环境和青少年时代,试图从其出身和成长经历中,找寻他们成为共产党人的原因。此外,斯诺还深入红军战士和根据地老百姓之中,对共产党的基本政策、军事策略,红军战士的生活,以及陕北根据地的社会制度、货币政策、工业和教育等情况做了广泛的调查。斯诺通过对领导人和普通民众的观察和描述,把枯燥的红区党组织、各种文件、会议等内容转变为亲切生动的文字。斯诺写红军,写共产党的领袖,写延安红色政权,其观察点、态度和语言,跟人们所习惯的不太一样。他以"他者"的目光来观察"红区",纪实毫不做作,质朴而真诚。他对共产党抗日政策的转述,对"红区"生活的描写,自然也有西方记者的立场,但他力图还原真相,避讳"宣传",没有刻意地"过滤",保存了历史的真实性。

《红星照耀中国》出版后,在国际上引起很大反响,为国外记者开辟了采访苏区、报道中国革命和毛泽东的途径。在斯诺的影响和介绍下,外国记者纷纷前往中国苏区和抗日根据地。许多人从而了解了中国的抗日战争,了解了毛泽东军事思想及中国共产党所领导的人民武装。同时,世界上的许多爱好和平、支援和同情中国人民的人,从《红星照耀中国》中得到鼓励,加入反法西斯斗争的行列,为中国革命提供了宝贵的外部支持。

2.金沙江皎平渡口

金沙江皎平渡口,在云南省禄劝彝族苗族自治县皎平村和四川省会理市洞村之间,距禄劝彝族苗族自治县县城约220千米。渡口江岸陡峭,距江边50米处一块巨石挺立江中,人称"石将军",自古就是联系川滇的重要渡口。现建有红军长征渡江纪念碑、纪念馆等设施,是重要的爱国主义教育场所。

金沙江位于长江上游，穿行在川滇边界的深山峡谷间，江面宽阔，水急浪大。如果红军不能渡江，就有被敌人压进西南偏僻腹地，招致全军覆灭的危险。1935年遵义会议后，中央红军一方面摆脱了数十万国民党军队的围追堵截，于4月下旬进入云南，4月29日发布速渡金沙江的命令。

当红军大队人马向金沙江挺进时，蒋介石如梦初醒，认定红军的目的既不在贵阳，也不在昆明，而是"必渡金沙江无疑"。1935年4月28日，他下达命令，控制渡口，毁船封江。就在红军进抵金沙江前夕，江边的敌人已将所有船只掠到北岸。

1935年5月3日，军委干部团的同志们接受了抢夺皎平渡的任务。他们翻山越岭日夜兼程，急行军180里，当天夜晚就来到了金沙江边。在渡口，他们幸运地找到了一条船，又在当地农民的协助下，从水里捞出了一条破船，用布把漏洞塞上。然后，他们乘坐这两条船悄悄地渡到北岸。敌人的哨兵以为探子回来了，没有在意。红军战士来了个突然袭击，一举消灭了敌人一连正规军和一个保安队，控制了皎平渡两岸渡口。后来，他们又找到了5条船，动员了36名艄公。与此同时，红一军团赶到了龙街渡口，红三军团赶到了洪门渡，但这两个渡口都没有船只，加上江宽水急无法架桥。军委命令他们迅速转移到皎平渡过江。从5月3日至9日，在7天7夜的时间里，红军主力就靠这7条小船从容地过了江。担任后卫的9军团在南渡乌江以后奉军委命令一直在黔西绕圈子，时东时西，忽南忽北，牵制了敌人部分兵力。5月6日，他们到了云南东川与巧家县之间，并于5月9日在树节渡顺利渡过金沙江。两天以后，敌人的追兵才赶到南岸。可是红军已经毁船封江，远走高飞，无影无踪了。

长征组歌·四渡赤水出奇兵

◎词：肖华 曲：贺绿汀

【导读】

红军长征，是人类历史上的奇迹。1934—1936年，红军转战江西、河南、福建、广东、湖南、湖北、广西、贵州、云南、四川、青海、甘肃、陕西等14个省份，跨过24条大河，翻越18座大山，中间共进行了380余次战斗，最长跋涉二万五千里。红军历经艰难曲折，战胜重重险阻，避开了敌人的围剿追击，保存了红军的有生力量，纠正了党的"左"倾冒险主义在军事上的错误，确立了以毛泽东为代表的党中央的正确领导思想，制定了红军以后的战略方针，将中国革命的大本营转移到西北，开创了中国革命的新局面，在最危险的关头挽救了红军和中国共产党，为中国革命走向胜利作出了不可磨灭的历史贡献。红军战士在长征途中播下革命的种子，铸就伟大的长征精神，成为激励党和人民继续前进的巨大动力。

长征途中涌现出许多可歌可泣的动人故事。四渡赤水是长征中红军打得最漂亮的一场仗，红军在国民党几十万重兵围追堵截的不利条件下，通过调虎离山的运动战策略赢得了胜利，是长征史上以少胜多，变被动为主动的光辉战例，彻底粉碎了蒋介石企图围歼红军于川黔滇边境的狂妄计划。

《四渡赤水出奇兵》是长征组歌中的第四曲，歌词形象表现了遵义会议后红军四渡赤水，抢渡乌江、金沙江的战斗过程，赞颂了毛泽东用兵如神的高超军事指挥艺术，以及红军战士的钢铁意志和革命乐观主义精神。

横断山，路难行。

天如火，水似银。

亲人送水来解渴，军民鱼水一家人。

横断山，路难行。敌重兵，压黔境。

战士双脚走天下，四渡赤水出奇兵。

乌江天险重飞渡，兵临贵阳逼昆明。

敌人弃甲丢烟枪，我军乘胜赶路程。

调虎离山袭金沙，毛主席用兵真如神。

（选自《中国工农红军在云南革命文化史料选》，高登智主编，云南民族出版社，1996年5月第1版。）

【思考与练习】

1.分析全文，找出课文的中心句，了解歌词中关键词句的含义及其所代表的长征中的历史事件。

2.歌词表现了毛泽东用兵如神的军事家的风采，请查阅资料，了解"四渡赤水"的背景、过程及意义，以小组为单位，讲讲"四渡赤水"的故事。

3.请查阅资料，了解红军长征过程中还发生了哪些感人故事，理解长征精神的内涵和意义。在全班交流红军长征的故事及长征精神。

4.结合课文，学唱歌曲《四渡赤水出奇兵》。

【知识链接】

1.长征组歌第六曲《过雪山草地》

长征组歌·过雪山草地

雪皑皑，夜茫茫，

高原寒，炊断粮，

红军都是钢铁汉，

千锤百炼不怕难，

雪山低头迎远客，

草毯泥毡扎营盘。

风雨侵衣骨更硬，

野菜充饥志越坚。

官兵一致同甘苦，

革命理想高于天。

2.《长征组歌十首》

《长征组歌十首》是一部大型声乐套曲，被誉为20世纪华人音乐经典，由萧华作词，晨耕、生茂、唐诃、遇秋作曲。1965年，为纪念红军长征胜利30周年，由原北京军区政治部战友歌舞团首演。

整部组歌分为《告别》《突破封锁线》《遵义会议放光辉》《四渡赤水出奇兵》《飞越大渡河》《过雪山草地》《到吴起镇》《祝捷》《报喜》《大会师》10个部分，分别描绘了红军长征过程中 10 个环环相扣的战斗生活场面，巧妙地把各地区的民间曲调与红军传统歌曲的曲调融合在一起，汇成了一部主题鲜明、内容丰富、形式新颖、风格独特的大型声乐套曲。《长征组歌》讴歌了中国工农红军在党中央毛主席的领导下，不屈不挠、无私无畏的革命精神和艰苦卓绝、英勇奋战的英雄气概，颂扬了中国革命史中具有传奇色彩的二万五千里长征，也体现了中华民族不屈不挠、自立于世界民族之林的坚强意志。

组歌语言深刻凝练，曲调优美动人，具有浓郁的民族风格和为群众喜闻乐见的艺术表演形式，一经演出就受到广大人民的喜爱和好评。自 1965 年首演至今，《长征组歌》已演出上万场，成为几代人的集体记忆和情感表达。

七律·长征[1]

一九三五年十月

◎毛泽东

【导读】

　　毛泽东（1893—1976年），字润之，湖南湘潭韶山冲人。中国人民的领袖，伟大的马克思主义者，伟大的无产阶级革命家、战略家和理论家，诗人、书法家。中国共产党、中国人民解放军和中华人民共和国的主要缔造者和领导人，马克思主义中国化的伟大开拓者，中国共产党的第一代中央领导集体的核心，领导中国人民彻底改变自己命运和国家面貌的一代伟人。其主要作品被收入《毛泽东选集》《毛泽东文集》《毛泽东诗词》等。

　　毛泽东在诗词、散文、文艺理论、书法艺术等方面都取得了巨大成就。尤其是诗词，毛泽东创作了大量洋溢着革命英雄主义和革命浪漫主义精神的旧体诗词，代表了一个时代诗词创作的最高成就。

　　1935年10月，毛泽东率领中央红军越过岷山，长征即将结束，回顾长征以来红军所战胜的无数艰难险阻，曙光在前，胜利在望，毛主席心潮澎湃，满怀喜悦的战斗豪情，以轻松的笔调写下了《七律·长征》这首壮丽诗篇。全诗以多景多地、全场景的浩大境界，气吞山河的战斗豪情，概括了长征路上的种种艰难险阻，热情赞颂了红军不畏艰难、英勇顽强的革命英雄主义和乐观主义精神。全诗气势磅礴、意境雄浑、感情奔放、构思奇伟。

　　《七律·长征》是浩瀚诗海中一颗熠熠发光的明珠，是中国文学史上一首不可多得的歌咏重大历史事件的史诗，值得我们每一个人去深思，深刻领悟其中蕴含的革命精神，并应用到学习和生活当中，激励我们全面实现自己的人生价值。

红军不怕远征难，万水千山只等闲。

五岭[2]逶迤[3]腾细浪，乌蒙[4]磅礴走泥丸[5]。

金沙水拍云崖暖，大渡桥横铁索[6]寒。

更喜岷山[7]千里雪，三军过后尽开颜。

这首诗最早发表在《诗刊》1957年1月号。

（选自《毛泽东诗词对联书法集观》，刘汉民、舒欣编著，长江文艺出版社，1997年11月第1版。）

【注释】

[1] 长征，1934年10月中央红军从江西瑞金出发，于1936年10月结束，最终到达陕西吴起、甘肃会宁，行程二万五千余里。

[2] 五岭，大庾岭、骑田岭、都庞岭、萌渚岭、越城岭（或称南岭），横亘在江西、湖南、两广之间。

[3] 逶迤（wēi yí），弯弯曲曲、延绵不绝的样子。

[4] 乌蒙，云贵间金沙江南岸的山脉。

[5] 走泥丸，《汉书·蒯通传》，"阪上走丸"，从斜坡滚下泥丸，形容跳动之快。

[6] 铁索，大渡河上的泸定桥是用13根铁索组成的桥。

[7] 岷山，在四川和甘肃边界，海拔4 000米左右。1935年9月红军长征经过此山。

【思考与练习】

1.结合注释，理解诗意，概括本诗的写作特点。

2.诗中写到了哪些地名？和云南相关的有哪几个？请用自己的语言概括介绍诗歌中所提到的这段红军途经云南的历史。

3.这首诗用艺术手法为我们展示了哪几幅红军长征途中威武雄壮的"征难图"？你最欣赏其中的哪幅图？说说理由。

【知识链接】

毛泽东诗词中的长征诗词，是其诗词创作中的重要组成部分，可谓成就最高、影响最大、传播最广。可以说，长征前后是毛泽东诗词创作的一个高峰期。诗人着力创作的几首诗词，生动再现了红军长征中那些崇高壮烈、激动人心的战斗场面和情景。

细数毛泽东长征诗词作品，大体有《十六字令三首》《忆秦娥·娄山关》《清平乐·六盘山》等。这些诗词的一个共性就是大手笔、大气势、大胸襟，借物抒怀、寄情于物。

十六字令三首

其一

山，快马加鞭未下鞍。惊回首，离天三尺三。

其二

山，倒海翻江卷巨澜。奔腾急，万马战犹酣。

其三

山，刺破青天锷未残。天欲堕，赖以拄其间。

忆秦娥·娄山关

西风烈，长空雁叫霜晨月。霜晨月，马蹄声碎，喇叭声咽。

雄关漫道真如铁，而今迈步从头越。从头越，苍山如海，残阳如血。

清平乐·六盘山

天高云淡，望断南飞雁。不到长城非好汉，屈指行程二万。

六盘山上高峰，红旗漫卷西风。今日长缨在手，何时缚住苍龙？

实践活动

追寻长征足迹　弘扬长征精神

——长征精神主题教育实践活动

红军长征取得了伟大胜利，改写了中国革命的历史进程，并深刻地影响了世界格局。凝聚着苦难与辉煌的长征，是在面对生死存亡抉择之时，中国共产党领导红军以无与伦比的英雄气概，创造的人间奇迹、书写的英雄史诗。长征不只是艰辛的跋涉，更是精神的凝聚、思想的生长。二万五千里长征路，谱写了可歌可泣的英雄史诗，留下了历久弥新的长征精神。

【活动目的和意义】

1.通过网络开展"重走长征路"的红色教育实践活动，以实际行动重温红军长征艰苦卓绝的光荣历史，缅怀革命先辈的光辉事迹。

2.大力弘扬长征精神，激励学生树立坚定的理想信念，自觉践行社会主义核心价值观，争做社会主义事业的合格建设者和接班人。

3.随着时代的发展，红色旅游以独特的景致、丰富的内涵，彰显着无穷的吸引力、感染力和影响力。越来越多的人选择有革命和历史意义的景区作为旅游目的地，通过红色旅游缅怀先烈、感悟崇高、益德益智、升华思想境界。

【活动内容】

1.以小组为单位，以"我眼中的长征"为主题，做一个微调查。

要求：调查10位成人和50名学生对长征、长征精神的了解，以及对长征精神的现实意义的看法。

形式：问卷式、访谈式。

成果：形成不少于1 200字的调查报告。

2.以"重走长征路"为主题，查阅网络和图书资料，以小组为单位，讨论学习，绘制红军长征路线图，并将本单元课文涉及的内容，如《举国大迁移》描述的战斗命名为"夜袭皎平渡"，标注到"红军长征路线图"中。同时，结合当前旅游发展情况，在路线图中，标注出长征途中的著名红色旅游景点。

【活动流程和要求】

一、活动准备

1.组建活动小组，制订小组活动方案及进行成员分工。

2.查找与红军长征有关的图、文、视频资料，制作问卷调查表。

3.在调查的基础上，以小组为单位形成调查报告。

4.小组成员积极努力，查询资料，在充分讨论沟通后，完成"红军长征路线及沿途旅游景点标识图"的绘制。

二、活动流程和内容

1.组建小组，完成分工。

2.制作问卷调查表，确定调查对象及范围，开展问卷调查。

3.收集问卷，梳理归纳问卷结果，形成调查报告。

4.课堂分享调查结果，各小组互相交换调查报告并批阅，指出优点与不足，给出互评分，然后提交老师，让其给出最终评定分数。

4.小组合作，群策群力绘制"红军长征路线及沿途旅游景点标识图"，并按要求，在班级进行成果讲解与展示。

【活动结果】

一、成果展示

1.调查报告。

2.红军长征路线及沿途旅游景点标识图。

二、结果运用

选出优秀作品，上传网络课程，作为范本，供参考学习。

滇东北旅游精品线路

滇东北旅游片区包括曲靖市、昭通市。

线路一：寻访滇东北，倾听历史的声音

具体行程：会泽会馆建筑群—会泽水城红军扩军文化生态园—曲靖爨宝子碑。

线路简介：该线路主要展示厚重悠久的爨文化和明清会馆文化，以及滇东北红色旅游的光辉历史。

会泽会馆建筑群：全国重点文物保护单位，位于会泽县城内，是清代时期十个省在会泽先后建造的八大会馆（江西、湖广、楚黔、江南、云南、福建、陕西、四川）。八大会馆建筑连点成片，规模宏大，蔚为壮观。这些会馆主要功能既是官方采办铜矿的办事处，又是同乡聚会的主要场所，还是各省特色祭祀活动的主办场所。既反映了清代云南铜矿的热闹往昔，也是研究清代建筑艺术、铜商文化的珍贵历史实证。

会泽水城红军扩军文化生态园：位于云南省曲靖市会泽县城北端2 000米处的古城街道办事处。该园是云南省爱国主义教育基地、国防教育基地、曲靖市干部党性教育基地和全国100个红色旅游经典景区之一。红军长征进入云南境内后，在会泽境内进行了红九军团长征史上最大规模的一次扩红（红军扩大兵员），并驻扎在城郊水城村的梨园里，进行了整编，水城作为扩红旧址，军团长罗炳辉曾专门来此作鼓舞人心的讲话，这是红九军团扩红史上空前的一次，是红军发展史上一次有重大意义的壮举，对会泽县之后的政治、经济等各方面的发展起到了重要的促进作用。

曲靖爨宝子碑：又称小爨碑，位于曲靖第一中学爨碑亭内。是全国首批重点文物保护单位。碑顶部呈半圆形，碑身是长方形，通高1.83米、宽0.68米、厚0.21米，碑的质地为砂石。碑额题5行，每行3字，即此碑的全称《晋故振威将军建宁太守爨府君之墓》。全碑共400余字，均为正书。碑的主要内容记述爨宝子的生平、家世和政绩，因形体小于陆良的"大爨碑"——《爨龙颜碑》，故称"小爨碑"。这篇碑文实为"爨宝子墓志铭"，全碑共分为4个部分：第一部分即碑额，点明全碑名称；第二部分即"志"，记述爨宝子的生平事迹；第三部分即"铭"，主要记述爨宝子的功绩；第四部分就是落款，即在碑上题写姓名、年月等信息。《爨宝子碑》字体古拙凝重，隶中有楷味，楷中有隶型，是隶书至楷书过渡的典型，但又和流行于当时的魏碑在结体、章法上有明显的不同，因此被誉为书法艺术中的珍品。清代云贵总督阮元称它为"滇中第一石"，它与"大爨碑"——《爨龙颜碑》的书体一起被称为"爨体"。

线路二：磅礴乌蒙，大美昭通

具体行程：千年古镇豆沙关—扎西会议会址。

线路简介：线路主要展示自古入滇一条道的豆沙关历史，以及红军长征途中具有关键意义的扎西会议遗址。

千年古镇豆沙关：古老的石门关口位于昭通盐津县城西南20千米处，脚踏千年五尺道可以一目三千年。站在豆沙关，仿佛置身于一个天然的交通博物馆：五尺道、关河水道、内昆铁路、213国道、渝昆高速公路，"五道并行"见证着我国交通事业的发展。前方风雨亭中保护的就是袁滋题记摩崖石刻，石刻距今有1 200多年，唐贞元九年（793年），南诏王异牟寻派使者请求归唐。这是南诏叛唐42年后又与唐重归于好的标志。翌年（794年），唐朝廷派御史中丞袁滋，持节赴云南册封异牟寻为南诏王，经石门（今豆沙关）时，袁滋有感而发，刻石记事。石刻全文8行，共122字，为楷书。末尾"袁滋题"3字为篆书。袁滋题记是一份珍贵的唐代书法真迹，是唐王朝与南诏改善关系、重新和好的重要标志，具有"维国家之统、定疆域之界、鉴民族之睦"等重大历史价值，与大理"南诏德化碑"堪称"姊妹碑"，1988年被列为全国重点文物保护单位。

扎西会议会址：扎西在云南昭通威信。扎西会议包括水田寨花房子、大河滩、江西会馆3次会议。扎西会议改组党中央领导，特别是军事领导，推动中国革命走向胜利新阶段。扎西会议是洛甫代替博古在党中央负总体责任后，以洛甫为主的新的党中央召开的第一次会议。这次会议作出了一系列重大决策，在中国共产党的党史、军史上具有十分重要的地位。1975年，在旧址上复原，有毛泽东、周恩来、朱德长征路居旧址，新建了扎西会议纪念馆和红军烈士纪念碑，为省级重点保护单位。

延伸阅读

扎西会议

扎西会议

1934年9月上旬，国民党军队加紧对中央革命根据地腹地发动进攻。10月，中共中央、中革军委率中央红军主力8.6万多人，踏上战略转移的漫漫征程，开始了世界历史上前所未有的壮举——长征。

中央红军和红二、六军团长征途中，分别于1935年和1936年经过云南，并先后从云南渡过金沙江，甩掉数十万敌军的围追堵截，取得了战略转移的决定性胜利。红军长征经过云南省33个县，向广大群众宣传党的纲领和政治主张，在各族人民中播下了革命火种，推动了马列主义在云南的传播和云南党组织的恢复重建，对云南革命斗争产生了深远的影响。

1935年1月，党中央在遵义召开政治局扩大会议，集中解决当时具有决定意义的军事和组织问题。遵义会议是党的历史上一个生死攸关的转折点。这次会议在红军第五次反"围剿"失败和长征初期严重受挫的历史关头召开，确立了毛泽东同志在党中央和红军的领导地位，开始确立了以毛泽东同志为主要代表的马克思主义正确路线在党中央的领导地位，开始形成以毛泽东同志为核心的党的第一代中央领导集体，开启了我们党独立自主解决中国革命实际问题的新阶段，在最危急关头挽救了党、挽救了红军、挽救了中国革命。

遵义会议后，中央红军一渡赤水，向威信扎西地域集结。在向云南扎西地区进军途中，中央政治局常委决定由张闻天代替博古负总的责任，毛泽东为周恩来在军事指挥上的帮助者，后成立由毛泽东、周恩来、王稼祥组成的三人小组，负责全军的军事行动。1935年2月5日至10日，在水田寨花房子、大河滩、江西会馆分别举行了三次会议，统称为扎西会议。

2月5日，在水田寨花房子，中央政治局常委讨论分工问题（当时政治局常委有博古、周恩来、毛泽东、张闻天、陈云）。根据毛泽东的提议，决定由张闻天代替博古负起中央总的责任（也称总书记），决定以毛泽东为周恩来在军事指挥上的帮助者，博古任总政治部代理主任。

2月6日至8日，中央政治局在大河滩庄子上召开会议，讨论通过了由张闻天起草的中共中央《关于反对敌人五次"围剿"的总结的决议》（《遵义会议决议》），系统总结和肯定了以毛泽东为代表的正确军事路线，批判以博古、李德为代表的错误军事路线。

9日至10日，中共中央又在扎西江西会馆召开政治局扩大会议，讨论了新的战略方针及对中央红军进行整编。之后，由张闻天和毛泽东、周恩来、陈云分别向红军领导干部传达遵义会议以及扎西会议的决定。30个团缩编为17个团。"10个连长一个班",改变了头重脚轻的局面。

扎西会议是继遵义会议后的一次重要会议,是遵义会议的继续、拓展和完成,对贯彻遵义会议精神、实现党和红军的战略转变起到了重要作用。

附　录

附录1　云南省的世界遗产名录

截至2024年9月，云南省共有世界遗产6处。

1.丽江古城，世界文化遗产，1997年12月。

2.云南三江并流保护区，世界自然遗产，2003年7月。

3.中国南方喀斯特（石林），世界自然遗产，2007年6月。

4.中国澄江化石地，世界自然遗产，2012年7月。

5.红河哈尼梯田文化景观，世界文化遗产，2013年6月。

6.普洱景迈山古茶林文化景观，世界文化遗产，2023年9月。

（资料来源：联合国教科文组织世界遗产中心，云南省文化和旅游厅。）

附录2　云南省的国家级非物质文化遗产名录

截至2024年9月，云南省被列入国家级非物质文化遗产名录如下。

批次	时间	名称	类别	类型	申报地区或单位
第一批	2006年	遮帕麻和遮咪麻	民间文学	新增项目	梁河县
		牡帕密帕	民间文学	新增项目	思茅市 （现为思茅区，下同）
		四季生产调	民间文学	新增项目	红河哈尼族彝族自治州
		格萨（斯）尔	民间文学	新增项目	云南省
		阿诗玛	民间文学	新增项目	石林彝族自治县
		傈僳族民歌	传统音乐	新增项目	怒江傈僳族自治州、 泸水县 （现为泸水市，下同）
		哈尼族多声部民歌	传统音乐	新增项目	红河哈尼族彝族自治州
		彝族海菜腔	传统音乐	新增项目	红河哈尼族彝族自治州
		锅庄舞（迪庆锅庄舞）	传统舞蹈	新增项目	迪庆藏族自治州
		木鼓舞 （沧源佤族木鼓舞）	传统舞蹈	新增项目	沧源佤族自治县
		铜鼓舞 （文山壮族、彝族铜鼓舞）	传统舞蹈	新增项目	文山壮族苗族自治州
		傣族孔雀舞	传统舞蹈	新增项目	瑞丽市
		傈僳族阿尺木刮	传统舞蹈	新增项目	维西傈僳族自治县
		彝族葫芦笙舞	传统舞蹈	新增项目	文山壮族苗族自治州
		彝族烟盒舞	传统舞蹈	新增项目	红河哈尼族彝族自治州
		基诺大鼓舞	传统舞蹈	新增项目	景洪市
		花灯戏（玉溪花灯戏）	传统戏剧	新增项目	玉溪市
		傣剧	传统戏剧	新增项目	德宏傣族景颇族自治州
		傣族章哈	曲艺	新增项目	西双版纳傣族自治州

续表

批次	时间	名称	类别	类型	申报地区或单位
第一批	2006年	纳西族东巴画	传统美术	新增项目	丽江市
		剪纸（傣族剪纸）	传统美术	新增项目	潞西市
		傣族慢轮制陶技艺	传统技艺	新增项目	西双版纳傣族自治州
		白族扎染技艺	传统技艺	新增项目	大理市
		苗族芦笙制作技艺	传统技艺	新增项目	大关县
		阿昌族户撒刀锻制技艺	传统技艺	新增项目	陇川县
		傣族、纳西族手工造纸技艺	传统技艺	新增项目	临沧市、香格里拉市
		傣族泼水节	民俗	新增项目	西双版纳傣族自治州
		火把节（彝族火把节）	民俗	新增项目	楚雄彝族自治州
		景颇族目瑙纵歌	民俗	新增项目	陇川县
		独龙族卡雀哇节	民俗	新增项目	贡山独龙族怒族自治县
		怒族仙女节	民俗	新增项目	贡山独龙族怒族自治县
		傈僳族刀杆节	民俗	新增项目	泸水县
		白族绕三灵	民俗	新增项目	大理白族自治州
		苗族服饰（昌宁苗族服饰）	民俗	新增项目	保山市
第二批	2008年	梅葛	民间文学	新增项目	楚雄彝族自治州
		查姆	民间文学	新增项目	双柏县
		达古达楞格莱标	民间文学	新增项目	德宏傣族景颇族自治州
		哈尼哈吧	民间文学	新增项目	元阳县
		召树屯与喃木诺娜	民间文学	新增项目	西双版纳傣族自治州
		司岗里	民间文学	新增项目	沧源佤族自治县
		姚安坝子腔	传统音乐	新增项目	姚安县
		彝族民歌（彝族酒歌）	传统音乐	新增项目	武定县
		布朗族民歌（布朗族弹唱）	传统音乐	新增项目	勐海县
		洞经音乐（妙善学女子洞经音乐）	传统音乐	新增项目	通海县
		傣族象脚鼓舞	传统舞蹈	新增项目	潞西市、西双版纳傣族自治州

续表

批次	时间	名称	类别	类型	申报地区或单位
第二批	2008年	彝族打歌	传统舞蹈	新增项目	巍山彝族回族自治县
		彝族跳菜	传统舞蹈	新增项目	南涧彝族自治县
		彝族老虎笙	传统舞蹈	新增项目	双柏县
		彝族左脚舞	传统舞蹈	新增项目	牟定县
		乐作舞	传统舞蹈	新增项目	红河县
		彝族三弦舞（阿细跳月）	传统舞蹈	新增项目	弥勒县（现为弥勒市，下同）
		彝族三弦舞（撒尼大三弦）	传统舞蹈	新增项目	石林彝族自治县
		纳西族热美蹉	传统舞蹈	新增项目	丽江市古城区
		布朗族蜂桶鼓舞	传统舞蹈	新增项目	双江拉祜族佤族布朗族傣族自治县
		普米族搓蹉	传统舞蹈	新增项目	兰坪白族普米族自治县
		拉祜族芦笙舞	传统舞蹈	新增项目	澜沧拉祜族自治县
		滇剧	传统戏剧	新增项目	云南省滇剧院、玉溪市滇剧团、昆明市
		佤族清戏	传统戏剧	新增项目	腾冲县（现为腾冲市，下同）
		彝剧	传统戏剧	新增项目	大姚县
		白剧	传统戏剧	新增项目	大理白族自治州
		花灯戏	传统戏剧	扩展项目	云南省花灯剧团、弥渡县、姚安县、元谋县
		壮剧	传统戏剧	扩展项目	文山壮族苗族自治州
		彝族（撒尼）刺绣	传统美术	新增项目	石林彝族自治县
		建筑彩绘（白族民居彩绘）	传统美术	新增项目	大理市
		陶器烧制技艺（藏族黑陶烧制技艺）	传统技艺	新增项目	迪庆藏族自治州
		陶器烧制技艺（建水紫陶烧制技艺）	传统技艺	新增项目	建水县
		傣族织锦技艺	传统技艺	新增项目	西双版纳傣族自治州

续表

批次	时间	名称	类别	类型	申报地区或单位
第二批	2008年	斑铜制作技艺	传统技艺	新增项目	曲靖市
		贝叶经制作技艺	传统技艺	新增项目	西双版纳傣族自治州
		普洱茶制作技艺（贡茶制作技艺）	传统技艺	新增项目	宁洱哈尼族彝族自治县
		普洱茶制作技艺（大益茶制作技艺）	传统技艺	新增项目	勐海县
		德昂族浇花节	民俗	新增项目	德宏傣族景颇族自治州
		石宝山歌会	民俗	新增项目	剑川县
		大理三月街	民俗	新增项目	大理市
		傣族泼水节	民俗	扩展项目	德宏傣族景颇族自治州
第三批	2011年	《坡芽情歌》	民间文学	新增项目	富宁县
		《目瑙斋瓦》	民间文学	新增项目	德宏傣族景颇族自治州
		《洛奇洛耶与扎斯扎依》	民间文学	新增项目	墨江哈尼族自治县
		《阿细先基》	民间文学	新增项目	弥勒县
		《司岗里》	民间文学	扩展项目	西盟佤族自治县
		弥渡民歌	传统音乐	新增项目	弥渡县
		纳西族白沙细乐	传统音乐	新增项目	丽江市古城区
		棕扇舞	传统舞蹈	新增项目	元江哈尼族彝族傣族自治县
		关索戏	传统戏剧	新增项目	澄江市
		皮影戏（腾冲皮影戏）	传统戏剧	扩展项目	腾冲县
		摔跤（彝族摔跤）	传统体育、游艺与杂技	扩展项目	石林彝族自治县
		木雕（剑川木雕）	传统美术	扩展项目	剑川县
		乌铜走银制作技艺	传统技艺	新增项目	石屏县
		民族乐器制作技艺（傣族象脚鼓制作技艺）	传统技艺	扩展项目	临沧市临翔区
		黑茶制作技艺（下关沱茶制作技艺）	传统技艺	扩展项目	大理白族自治州

续表

批次	时间	名称	类别	类型	申报地区或单位
第三批	2011年	火腿制作技艺（宣威火腿制作技艺）	传统技艺	扩展项目	宣威县（现为宣威市）
		彝医药（彝医水膏药疗法）	传统医药	新增项目	楚雄彝族自治州
		傣医药（睡药疗法）	传统医药	新增项目	西双版纳傣族自治州、德宏傣族景颇族自治州
		藏医药（藏医骨伤疗法）	传统医药	扩展项目	迪庆藏族自治州
		祭寨神林	民俗	新增项目	元阳县
		抬阁（通海高台）	民俗	扩展项目	通海县
第四批	2014年	黑白战争	民间文学	新增项目	丽江市古城区
		剑川白曲	传统音乐	新增项目	大理白族自治州
		热巴舞	传统舞蹈	扩展项目	迪庆藏族自治州
		耳子歌	传统舞蹈	新增项目	大理白族自治州
		铓鼓舞	传统舞蹈	新增项目	建水县
		水鼓舞	传统舞蹈	新增项目	瑞丽市
		怒族达比亚舞	传统舞蹈	新增项目	福贡县
		银饰锻制技艺（鹤庆银器锻制技艺）	传统技艺	扩展项目	鹤庆县
		红茶制作技艺（滇红茶制作技艺）	传统技艺	扩展项目	凤庆县
		蒙自过桥米线制作技艺	传统技艺	新增项目	蒙自市
		中医传统制剂方法（昆中药传统中药制剂）	传统医药	扩展项目	昆明市
		彝医药（拨云锭制作技艺）	传统医药	扩展项目	楚雄市
		民间信俗（梅里神山祭祀）	民俗	扩展项目	德钦县
		民间信俗（女子太阳山祭祀）	民俗	扩展项目	西畴县
		茶俗（白族三道茶）	民俗	扩展项目	大理市
		苗族花山节	民俗	新增项目	屏边苗族自治县
		彝族服饰	民俗	新增项目	楚雄彝族自治州

批次	时间	名称	类别	类型	申报地区或单位
第五批	2021年	童谣（纳西族童谣）	民间文学	扩展项目	丽江市古城区
		《都玛简收》	民间文学	新增项目	红河哈尼族彝族自治州绿春县
		独龙族民歌	传统音乐	新增项目	怒江傈僳族自治州贡山独龙族怒族自治县
		阿数瑟	传统音乐	新增项目	临沧市镇康县
		宣抚司礼仪乐舞	传统音乐	新增项目	普洱市孟连傣族拉祜族佤族自治县
		鼓舞（四筒鼓舞）	传统舞蹈	扩展项目	昭通市昭阳区
		鼓舞（彝族花鼓舞）	传统舞蹈	扩展项目	玉溪市峨山彝族自治县
		傣族白象、马鹿舞	传统舞蹈	新增项目	云南省
		端公戏（昭通端公戏）	传统戏剧	新增项目	昭通市
		白族吹吹腔	传统戏剧	新增项目	大理白族自治州云龙县
		大本曲	曲艺	新增项目	大理白族自治州大理市
		打陀螺	传统体育、游艺与杂技	新增项目	云南省
		玉雕（腾冲玉雕）	传统美术	扩展项目	保山市腾冲市
		佤族织锦技艺	传统技艺	新增项目	普洱市西盟佤族自治县
		银胎掐丝珐琅器制作技艺（永胜珐琅银器制作技艺）	传统技艺	新增项目	丽江市永胜县
		云南围棋子（云子、永子）制作技艺	传统技艺	新增项目	云南省
		德昂族酸茶制作技艺	传统技艺	新增项目	德宏傣族景颇族自治州芒市
		矻扎扎节	民俗	新增项目	红河哈尼族彝族自治州元阳县
		特懋克节	民俗	新增项目	西双版纳傣族自治州
		三多节	民俗	新增项目	丽江市玉龙纳西族自治县

续表

批次	时间	名称	类别	类型	申报地区或单位
第五批	2021年	普米族拈达则封山仪式	民俗	新增项目	丽江市宁蒗彝族自治县
		阔时节	民俗	新增项目	怒江傈僳族自治州泸水市
		傣族服饰（花腰傣服饰）	民俗	新增项目	玉溪市新平彝族傣族自治县

（资料来源：中央政府门户网站，文化和旅游部官网，中国非物质文化遗产网·中国非物质文化遗产数字博物馆。）

附录3　云南省的国家 AAAAA 级旅游景区名录

截至2024年12月，云南省有国家 AAAAA 级旅游景区10处。

1.昆明市石林风景区，2007年。

2.丽江市玉龙雪山景区，2007年。

3.丽江市丽江古城景区，2011年。

4.大理市崇圣寺三塔文化旅游区，2011年。

5.中国科学院西双版纳热带植物园，2011年。

6.迪庆藏族自治州香格里拉普达措景区，2012年。

7.云南省昆明市昆明世博园景区，2016年。

8.云南省保山市腾冲火山热海旅游区，2016年。

9.云南省文山壮族苗族自治州普者黑旅游景区，2020年。

10.腾冲市和顺古镇景区，2024年。

（资料来源：中华人民共和国文化和旅游部。）

附录4 云南省的国家AAAA级旅游景区名录

截至2023年12月，云南省共有国家AAAA级旅游景区179处。

序号	景区名称	所在州市	等级	评定时间
1	九乡风景名胜区	昆明市	4A	2001-10
2	云南民族村景区	昆明市	4A	2001-01
3	昆明滇池国家级风景名胜区西山景区	昆明市	4A	2006-10
4	昆明市大观公园景区	昆明市	4A	2019-10
5	昆明市金殿名胜区	昆明市	4A	2001-11
6	昆明官渡古镇景区	昆明市	4A	2011-01
7	云南野生动物园景区	昆明市	4A	2012-10
8	石林杏林大观园景区	昆明市	4A	2020-03
9	昆明市翠湖·讲武堂景区	昆明市	4A	2020-03
10	昆明轿子山景区	昆明市	4A	2015-11
11	昆明市石林县乃古石林景区	昆明市	4A	2020-08
12	昆明青龙峡景区	昆明市	4A	2021-05
13	昆明凤龙湾旅游景区	昆明市	4A	2021-12
14	昆明玉龙湾景区	昆明市	4A	2022-09
15	昆明植物园	昆明市	4A	2023-11
16	昆明融创海世界	昆明市	4A	2023-11
17	昭通水富西部大峡谷景区	昭通市	4A	2011-11
18	昭通市扎西会议纪念地景区	昭通市	4A	2021-05
19	彝族六祖分支景区	昭通市	4A	2021-12
20	绥江金沙水上乐园景区	昭通市	4A	2022-09
21	水富邵女坪旅游度假区小镇景区	昭通市	4A	2022-09
22	大关黄连河景区	昭通市	4A	2022-09
23	彝良小草坝景区	昭通市	4A	2023-11
24	镇雄大古里欢乐城景区	昭通市	4A	2023-11
25	曲靖麒麟区麒麟水乡景区	曲靖市	4A	2002-04

续表

序号	景区名称	所在州市	等级	评定时间
26	曲靖麒麟区克依黑景区	曲靖市	4A	2003-12
27	曲靖市师宗凤凰谷生命文化主题公园	曲靖市	4A	2010-12
28	曲靖师宗菌子山景区	曲靖市	4A	2011-01
29	曲靖罗平县鲁布革三峡景区	曲靖市	4A	2014-07
30	罗平九龙瀑布群风景区	曲靖市	4A	2015-11
31	曲靖罗平多依河景区	曲靖市	4A	2020-03
32	曲靖会泽大海草山景区	曲靖市	4A	2020-03
33	陆良彩色沙林景区	曲靖市	4A	2020-03
34	沾益县珠江源旅游景区	曲靖市	4A	2020-03
35	富源县多乐原景区	曲靖市	4A	2020-08
36	罗平县相石阶景区	曲靖市	4A	2022-09
37	云南马过河旅游景区	曲靖市	4A	2022-09
38	五龙景区	曲靖市	4A	2022-09
39	宣威市尼珠河大峡谷生态文化旅游区	曲靖市	4A	2023-11
40	陆良县滇中健康城文化旅游景区	曲靖市	4A	2023-11
41	马龙区月望湖旅游景区	曲靖市	4A	2023-11
42	通海县秀山历史文化公园景区	玉溪市	4A	2005-12
43	玉溪映月潭修闲文化中心	玉溪市	4A	2005-12
44	玉溪汇龙生态园	玉溪市	4A	2005-12
45	玉溪新平磨盘山国家森林公园景区	玉溪市	4A	2017-04
46	易门龙泉公园生态旅游景区	玉溪市	4A	2021-12
47	澄江帽天山寒武纪世界自然遗产旅游区	玉溪市	4A	2021-12
48	龙马山景区	玉溪市	4A	2023-11
49	施甸善洲林场景区	保山市	4A	2020-03
50	腾冲杜鹃王古木文化博览园景区	保山市	4A	2020-03
51	龙陵松山大战遗址纪念园景区	保山市	4A	2020-03
52	青华海国家湿地公园景区	保山市	4A	2020-03
53	昌宁右甸河田园生态旅游区	保山市	4A	2020-03

续表

序号	景区名称	所在州市	等级	评定时间
54	腾冲滇西抗战纪念馆（国殇墓园）景区	保山市	4A	2020-08
55	腾冲北海湿地景区	保山市	4A	2020-08
56	腾冲原乡栖花岭景区	保山市	4A	2020-08
57	腾冲高黎贡山茶博园景区	保山市	4A	2021-12
58	腾冲固东镇江东银杏村景区	保山市	4A	2021-12
59	腾冲清水中寨司莫拉佤族村	保山市	4A	2021-12
60	高黎贡国际精品咖啡文化园景区	保山市	4A	2022-09
61	黑温泉景区	保山市	4A	2023-11
62	运启黄龙玉博物馆景区	保山市	4A	2023-11
63	禄丰世界恐龙谷景区	楚雄州	4A	2009-03
64	楚雄彝人古镇景区	楚雄州	4A	2009-03
65	元谋土林景区	楚雄州	4A	2009-03
66	武定县狮子山风景名胜区	楚雄州	4A	2009-03
67	楚雄彝族自治州博物馆景区	楚雄州	4A	2011-02
68	楚雄紫溪山景区	楚雄州	4A	2015-11
69	楚雄姚安县光禄古镇景区	楚雄州	4A	2017-04
70	楚雄大姚石羊古镇景区	楚雄州	4A	2020-03
71	楚雄州元谋人世界公园景区	楚雄州	4A	2021-05
72	楚雄州永仁县方山景区	楚雄州	4A	2022-09
73	金山古镇旅游区	楚雄州	4A	2022-09
74	禄丰黑井古镇旅游景区	楚雄州	4A	2022-09
75	十月太阳历文化园	楚雄州	4A	2022-09
76	双柏县查姆湖旅游景区	楚雄州	4A	2022-09
77	泸西阿庐古洞景区	红河州	4A	2002-04
78	建水县燕子洞风景区	红河州	4A	2003-12
79	建水文庙景区	红河州	4A	2009-01
80	红河建水团山古村景区	红河州	4A	2014-07
81	红河建水朱家花园景区	红河州	4A	2014-07

序号	景区名称	所在州市	等级	评定时间
82	红河元阳哈尼梯田景区	红河州	4A	2014-12
83	红河弥勒湖泉生态园景区	红河州	4A	2014-07
84	红河弥勒可邑旅游小镇景区	红河州	4A	2017-04
85	建水学政考棚景区	红河州	4A	2020-03
86	开远凤凰生态公园景区	红河州	4A	2020-08
87	石屏异龙湖湿地公园景区	红河州	4A	2020-08
88	弥勒东风韵景区	红河州	4A	2020-08
89	弥勒锦屏山景区	红河州	4A	2020-08
90	弥勒太平湖森林小镇景区	红河州	4A	2020-08
91	红河撒玛坝万亩梯田景区	红河州	4A	2021-05
92	蒙自市碧色寨滇越铁路历史文化公园景区	红河州	4A	2021-12
93	中共云南一大会址查尼皮景区	红河州	4A	2021-12
94	开远南洞——凤凰谷旅游区	红河州	4A	2022-09
95	屏边滴水苗城景区	红河州	4A	2022-09
96	个旧市老阴山景区	红河州	4A	2023-11
97	文山州广南世外桃源坝美景区	文山州	4A	2021-05
98	文山州英雄老山圣地景区	文山州	4A	2021-05
99	文山州西畴国家石漠公园景区	文山州	4A	2021-05
100	广南县西洋江大峡谷旅游景区	文山州	4A	2022-09
101	丘北县纳龙湖景区	文山州	4A	2023-11
102	普洱太阳河森林公园景区	普洱市	4A	2015-11
103	普洱西盟勐梭龙潭景区	普洱市	4A	2015-11
104	普洱墨江北回归线标志园景区	普洱市	4A	2017-04
105	普洱天士力帝泊洱生物茶谷景区	普洱市	4A	2018-06
106	普洱茶马古道旅游景区	普洱市	4A	2020-08
107	普洱市中华普洱茶博览苑景区	普洱市	4A	2021-05
108	那柯里茶马驿站景区	普洱市	4A	2021-12
109	景迈山茶林文化景区	普洱市	4A	2022-09

续表

序号	景区名称	所在州市	等级	评定时间
110	澜沧县老达保景区	普洱市	4A	2022-09
111	景东县景东文庙	普洱市	4A	2022-09
112	磨黑古镇	普洱市	4A	2023-11
113	江城县勐桑洛小镇	普洱市	4A	2023-11
114	西双版纳傣族园景区	西双版纳州	4A	2001-10
115	西双版纳原始森林公园景区	西双版纳州	4A	2001-10
116	西双版纳热带花卉园景区	西双版纳州	4A	2005-12
117	西双版纳野象谷景区	西双版纳州	4A	2005-12
118	景洪曼听公园景区	西双版纳州	4A	2009-03
119	西双版纳望天树景区	西双版纳州	4A	2011-01
120	西双版纳勐泐文化旅游区	西双版纳州	4A	2012-01
121	西双版纳大益庄园景区	西双版纳州	4A	2011-12
122	告庄西双景景区	西双版纳州	4A	2018-06
123	西双版纳勐景来景区	西双版纳州	4A	2018-06
124	西双版纳融创乐园景区	西双版纳州	4A	2020-08
125	西双版纳勐远仙境景区	西双版纳州	4A	2021-05
126	独树成林景区	西双版纳州	4A	2023-11
127	大理南诏风情岛景区	大理州	4A	2001-10
128	大理宾川鸡足山景区	大理州	4A	2003-12
129	大理银都水乡新华白族旅游村景区	大理州	4A	2009-12
130	剑川石宝山·沙溪古镇景区	大理州	4A	2012-08
131	大理古城景区	大理州	4A	2012-10
132	大理祥云水目山文化旅游区	大理州	4A	2013-03
133	大理巍山古城一巍宝山旅游区	大理州	4A	2014-07
134	大理漾濞石门关景区	大理州	4A	2017-08
135	大理蝴蝶泉景区	大理州	4A	2018-06
136	大理洱源地热国旅游景区	大理州	4A	2020-03
137	大理州博物馆景区	大理州	4A	2020-08

续表

序号	景区名称	所在州市	等级	评定时间
138	双廊艺术小镇文化旅游区	大理州	4A	2020-08
139	剑川千狮山（满贤林）景区	大理州	4A	2021-12
140	大理海洋世界景区	大理州	4A	2022-09
141	大理天龙八部影视城景区	大理州	4A	2022-10
142	剑川县木雕艺术小镇景区	大理州	4A	2022-09
143	大理洱源西湖景区	大理州	4A	2023-11
144	弥渡小河淌水天生桥景区	大理州	4A	2023-11
145	梁河南甸宣抚司署景区	德宏州	4A	2004-12
146	芒市勐巴娜西珍奇园景区	德宏州	4A	2005-12
147	莫里热带雨林景区	德宏州	4A	2020-08
148	芒市孔雀谷景区	德宏州	4A	2021-05
149	芒市仙佛洞景区	德宏州	4A	2021-12
150	瑞丽一寨两国景区	德宏州	4A	2021-12
151	芒市傣族古镇	德宏州	4A	2022-09
152	勐焕银塔景区	德宏州	4A	2023-11
153	丽江玉水寨景区	丽江市	4A	2005-12
154	丽江束河古镇景区	丽江市	4A	2005-12
155	丽江黑龙潭景区	丽江市	4A	2009-09
156	丽江泸沽湖摩梭文化旅游区	丽江市	4A	2009-11
157	丽江观音峡景区	丽江市	4A	2011-01
158	丽江东巴谷景区	丽江市	4A	2013-01
159	丽江老君山国家公园黎明景区	丽江市	4A	2015-11
160	丽江永胜县毛家湾景区	丽江市	4A	2023-11
161	贡山独龙江旅游区	怒江州	4A	2021-12
162	小沙坝服务区	怒江州	4A	2022-09
163	老姆登·知子罗景区	怒江州	4A	2022-09
164	怒江绿色香料产业园	怒江州	4A	2023.11
165	迪庆梅里雪山景区	迪庆州	4A	2007-10

续表

序号	景区名称	所在州市	等级	评定时间
166	迪庆虎跳峡景区	迪庆州	4A	2009-06
167	迪庆香格里拉松赞林景区	迪庆州	4A	2010-01
168	香格里拉蓝月山谷旅游区	迪庆州	4A	2009-12
169	迪庆香格里拉大峡谷·巴拉格宗景区	迪庆州	4A	2009-12
170	香格里拉独克宗古城景区	迪庆州	4A	2023-11
171	临沧沧源葫芦小镇景区	临沧市	4A	2020/03
172	沧源司岗里崖画谷景区	临沧市	4A	2021/12
173	双江荣康达乌龙茶庄园景区	临沧市	4A	2021/12
174	博尚碗窑七彩陶瓷文化景区	临沧市	4A	2022/09
175	凤庆县滇红第一村景区	临沧市	4A	2022/09
176	班洪葫芦王地景区	临沧市	4A	2022/09
177	和成·临沧生态文化创意产业园	临沧市	4A	2022/09
178	翁丁原始部落文化旅游区	临沧市	4A	2023-11
179	耿马勐相湿地公园景区	临沧市	4A	2023-11

注：本表的州市皆用的简称。

（资料来源：云南省文化和旅游厅。）

附录5　云南省的世界地质公园名录

截至2022年9月，云南省共有世界地质公园2处。

1.石林世界地质公园，2004年。

2.大理苍山世界地质公园，2014年。

（资料来源：世界地质公园网站。）

附录6 云南省的国家地质公园名录

截至2021年底，云南省共有国家地质公园12处。

批次	时间	名称
第一批	2001年	石林国家地质公园
第一批	2001年	澄江国家地质公园
第二批	2002年	腾冲国家地质公园
第三批	2004年	禄丰恐龙国家地质公园
第三批	2004年	玉龙黎明老君山国家地质公园
第四批	2005年	大理苍山国家地质公园
第五批	2009年	丽江玉龙雪山国家地质公园
第五批	2009年	九乡峡谷洞穴国家地质公园
第六批	2011年	罗平生物群地质公园
第六批	2011年	泸西阿庐地质公园
第八批	2018年	东川泥石流地质公园
第八批	2018年	巍山红河源地质公园

（资料来源：国家林业和草原局政府网，中国自然资源经济网–自然资源经济网。）

附录7　云南省的国家重点风景名胜区名录

截至2022年9月，云南省共有国家级风景名胜区12处。

1.石林风景区，1982年。

2.大理风景名胜区，1982年。

3.西双版纳风景名胜区，1982年。

4.三江并流风景名胜区，1988年。

5.滇池风景名胜区，1988年。

6.玉龙雪山风景名胜区，1988年。

7.腾冲地热火山风景名胜区，1994年。

8.瑞丽江—大盈江风景名胜区，1994年。

9.九乡风景名胜区，1994年。

10.建水风景名胜区，1994年。

11.普者黑风景区，2004年。

12.阿庐风景名胜区，2004年。

（资料来源：中国风景名胜区协会，云南省生态环境厅。）

附录8　云南省的国家级旅游度假区名录

截至2024年9月，云南省共有国家级旅游度假区5处。

1.昆明市阳宗海旅游度假区，2015年。

2.西双版纳傣族自治州西双版纳旅游度假区，2015年。

3.玉溪抚仙湖旅游度假区，2019年。

4.大理古城旅游度假区，2020年。

5.德宏傣族景颇族自治芒市孔雀湖旅游度假区，2024年。

（资料来源：云南省文化和旅游厅。）

参考文献

[1] 马曜. 云南简史[M]. 3版. 昆明: 云南人民出版社, 2009.

[2] 雷杰龙. 人文云南书[M]. 昆明: 云南人民出版社, 2018.

[3] 徐兴正. 山水云南书[M]. 昆明: 云南人民出版社, 2018.

[4] 吴宝璋. 云南旅游文化二十五讲[M]. 昆明: 云南教育出版社, 2017.

[5] 费宣, 李传志. 云南地质之旅 [M]. 昆明: 云南科技出版社, 2016.

[6] 焦云宏. 云南旅游文学知识[M]. 重庆: 重庆大学出版社, 2017.

[7] 袁浩镛. 云南金牌导游词[M]. 北京: 中国旅游出版社, 2018.

[8] 余嘉华. 云南风物志[M]. 2版. 昆明: 云南人民出版社, 1991.

[9] 朱惠荣, 李兴和. 徐霞客游记[M]. 北京: 中华书局, 2015.